Beiträge
zur Heimatkunde

Die schönsten Sagen aus Blankenburg

Von Burgen, Klöstern und versunkenden Heiligtümern

Band 11

Aufgeschrieben von Carsten Kiehne

Sagenhafter Harz

Bibliografische Information der Deutschen Nationalbibliothek: Die Deutsche Nationalbibliothek verzeichnet diese Publikation in der Deutschen Nationalbibliografie;
detaillierte bibliografische Daten sind über dnb.d-nb.de abrufbar.

Impressum

Texte: © Copyright by Carsten Kiehne
Fotos: © Copyright by Stefan Herfurth & Carsten Kiehne

Herausgeber: Selbstverlag SAGENHAFTER HARZ
                Grünstr. 20, 06485 Bad Suderode

                www.sagenhafter-harz.com & www.reiki-im-harz.de
                carsten.kiehne@gmx.net

Veröffentl.:   Januar 2020, 1. Aufl.
ISBN   978-3-7504-1834-9

Herstellung & Verlag: BoD – Books on Demand, Norderstedt

 # Inhaltsverzeichnis

 # Einleitung

K aum eine Gegend ist so sagenumwoben, wie das kleine Städtchen Blankenburg am Harz. Und kaum ein Flecken in Deutschland gibt den Heimatforschern und Archäologen mehr Rätsel auf, denn immer wieder beeindrucken faszinierende Funde aus Altstein- und Bronzezeit & werden gewaltige (über 7.000 Jahre alte) Gräberfelder entdeckt. Viele Kult- & Kraftplatzforscher sind sich einig:

Die Gegend um Blankenburg herum, war einst das größte vorchristliche Heiligtum Europas!

Und noch heute zeugen die Orts- & Flurnamen der Felsen, Haine und anderer herausragender Plätze vom alten Glauben der hier ansässigen Menschen; viele sind später von den Christen verballhornt oder verteufelt worden: u.a. der Höllen- oder Hellbach (heiliger Bach), Helsungen (von Hölle bzw. Frau Holle), das Osterholz (benannt nach der Frühlingsgöttin Ostara) & sein Tyrstein, die Menhire, der Ziegenkopf & der nahegelegene Bielstein (Thor geweiht) ebenso wie der Thorstein in den Thekenbergen, der Volkmarskeller & Kloster Michaelstein (einst Odins Orte), der Eselstall (Platz der Asen, der alten Gottheiten), die Lauseberge, der Großvater (Synonym für den „großen Vater") an der Teufelsmauer! Unter christlicher Herrschaft sollte Schluss sein mit dem alten Glauben, mit dem vermale-deiten Götzendienst. Die Leute sollten in die Kirche gehen; anstatt die Opfergaben in den Wald zu tragen, lieber fürs Seelenheil Kollekte geben, Ablassbriefe kaufen, weshalb man Angst schürte und den Leuten verkaufte:

„Der Teufel hat die Steine aufgetürmt & seine Orte mit Blut bemalt. Wer dort umgeht, bei Nacht, wenn's stürmt, hat seine Seele dem Bösen bezahlt!"

Nun ja, ich war da, hab mich umgesehen, doch spürte ich nichts Böses herum um mich stehen. Ich war nur von Wundern & Schönheit umgeben!

+++ Eilmeldung: Die Teufelsmauer - Von wegen vom Teufel gebaut! +++
Bekannter Harzer Sagenerzähler auf frischer Tat ertappt!

Neben der Teufelsmauer ragt kaum ein Felsen so unübersehbar ins weite, offene Harzvorland wie die Burgruine Regenstein, dessen Namen sich vom altnordischen Begriff Regan herleiten lässt, was so viel wie „Gottheiten" oder „ratende Wesen" bedeutet. Hierbei handelt es sich vermutlich um einen Platz der Götter, des hohen Rats, oder eines anderen Herrschersitzes. Mysteriös und sagenumwoben: Das „Teufelsloch" (vermutlich für rituelle Waschungen), der „verlorene Posten" (Sonnenheiligtum), die „kleine Rosstrappe" & ihre Näpfchenlöcher (Hochzeitsort), der Kalender- & der Orakelfelsen. Heimatforscher, wie Diesing, sind sich sicher: Der Regenstein ist Teil einer gewaltigen Kultplatzanlage. – Vielleicht gelingt es den Sagen, manch uraltes Geheimnis zu lösen!? Viel Spaß beim Lesen, *Carsten Kiehne*

A. Eingang deren in Felsen ge-
   bawenen gemächer
B. Der Eingang oder Thor, so durch
   harte Felsen gebawen.
C. Das Hurhause worin,
   auch gemächer

Halberstat.

oſs Reinſtin

nſtein

Es klagt ein tiefes Trauern um den erloschnen Glanz von ernsten, frommen Schauern erbebt die Seele ganz: Doch sieht man unverwittert, den Fels dort oben stehn, und ob der Fels zersplittert, sein Ruhm wird nie vergehn.

(aufgeschrieben von J. Kreis in Bechstein)

Sagen von Burg Regenstein

Woher der Name Regenstein kommt

*a*nno 479 toch de Könige Melverikus to Doringk myt Macht over den Hart,

Im Jahre 479 kam der König der Thüringer, Melverikus mit Namen, mit einer großen Streitmacht (mit Macht) über den Harz,

unde wolde de Sassen vordryven wedder uth dem Orde des Landes, vor dem Harte, dar nu Reghensteyn unde Warnigerode licht,

und wollte die Sachsen aus dem Landstrich vorm Harz vertreiben, dort, wo heute der Regenstein und Wernigerode liegt.

unde de Sassen kemen öme underwegen in de Möte by dem Torppe Vedekenstidde, dar sloghen se de Doringk, dat der vele dot bleven, by vyff dusent,

Aber die Sachsen (flohen nicht, sondern) kamen ihnen in der Nähe des Dorfes Vedekkenstedt entgegen und schlossen die Thüringer ein, worauf fünftausend Feinde starben.

de Königk to Doringk nam de Flucht, unde vele siner Lüde. Na düssen Stride gingen de Sassen to Rade, na deme dat yt vor dem Harte wat noch woyste was,

Der König der Thüringer floh mit vielen seiner Leute. Nach diesem Streit gingen die Sachsen zu einem Ratsplatz (Gerichtsplatz), der vor dem Harze liegt und berieten sich,

unde geven eynem eddelen Manne, de was strytbar, unde wanede in dem Torppe to Veddekenstidde, de heyt Hateboldus,

und gaben einem edlen Mann, der sich im Kampf verdingte (der streitbar war) und in der Schlacht vom Dorf Vedekkenstedt in erster Reihe stand, und Hatebold hieß

eyne Stidde vor dem Harte to buwende, wur öne dat bet bevelle; so rechte he sick na örem Bode, unde reyth vor dem Harte here,

eine Stätte vor dem Harz, die er bewohnen dürfe, eine, die ihm gerecht wird. So suchte er sich den verdiente Boden und ritt am Harz entlang,

unde fand eynen groten Steynen-Berch, unde sprack, düsse Steyn iß gereghent,

und fand einen großen, steinernen Berg und sprach: „Dieser Berg steht (wie ich) in erster Reihe!"

darupp schall myne Woning wesen, unde buwede upp den Steyn eyne Borch, unde wart geheten de Grave to Reghensteyne, unde buwede Blankenborch unde Heymborch.

„Darauf soll meine Wohnstatt sein!", und baute sich auf dem Stein eine Burg, und ward seit dem, der Graf von Regenstein genannt und baute die Blanken- und die Heimburg. *(umgangssprachlich nach Pröhle)*

Die kleine Rosstrappe

Oder "Wie man prüft, ob der Partner einen wirklich liebt!"

Kommt man vom Norden her, dem Felsmassiv des Regensteins entgegen, sieht man aus dem Walde tretend, schroffe Felswände und zackige Klippen vor sich aufsteigen. Zwei kolossale Felsenpfeiler markieren den Eingang. Es heißt sie prüfen dich in deiner Absicht hindurchzugehen. Bist du reines Herzens kannst du passieren. Schon Manchem geschah es aber, dass Steine hernieder gingen - ein nicht ganz ungefährliches Unterfangen.

Oben auf der kleinen Rosstrappe, prangen hunderte kleine Hufspuren, die eben der einzigartigen Rosstrappe überm Bodetal gleichen, nur viel kleiner sind. Nein, hier sind nicht alle Prinzessinnen der deutschen Lande flüchtend von Klippe zu Klippe gesprungen. Vielmehr sollen sich einst Paare auf dem Felsen die ewige Liebe geschworen haben. Es gleiche einem „riesigen heidnischem Standesamt, zu dem die Jungfrauen in stürmischer Eile gestrebt sein sollen", schrieb Hoffmann.

War die „kleine Rosstrappe" also ein Hochzeitsort unserer Ahnen? Vielleicht! - Spannend ist auf jeden Fall der Aspekt, dass sich das Wort Hochzeit vom mittelhochdeutschen hōhzīt (hōhgezīt) herleiten lässt und zunächst alle weltlichen bzw. kirchlichen Feste im großen Jahreskreis beschrieb. Es waren die „hohen Zeiten" zu denen die Menschen unter freiem Himmel zusammenkamen, feierten und tranken, Recht sprachen und sich berieten, den Göttern opferten, dankten und um Hilfe baten.

Manch eine junge Frau, findet den Gedanken vielleicht spannend, ihren Zukünftigen ins Felsentor unter der kleinen Rosstrappe zu stellen und die Wahrhaftigkeit seiner Liebe zu prüfen.

Schwört er zwischen den Klippen seine Liebe und er überlebt's, weil kein Stein zu Boden geht, ist der Kerl es vielleicht wirklich wert, sich ihm oben in der Abendsonne hinzugeben. Wurde er aber beim Schwur erschlagen, war's um ihn nicht schade, hat das Los ihn doch für untauglich befunden! – Ja, manche Dinge, waren früher scheinbar einfacher. An dieser Stelle muss leider gesagt werden, meine lieben Frischverlobten, dass das Felsentor längst nicht mehr zugänglich ist. Heute ist der Bereich umzäunt, vom Sanitätsdienst der Bundeswehr ... offenkundig gab es zu viele Untaugliche, deren Kopfverletzungen (von herunterkollernden Steinen) versorgt werden mussten. *(aufgeschrieben nach Hoffmann)*

Sich selbst zum Affen machen

*N*och bevor der Regenstein bei Blankenburg eine preußische Festung war, als nicht einmal die mittelalterliche Burg auf jenem Felsen stand, da kamen die Menschen an diesen Ort, ihren Göttern nahe zu kommen, Rat und Beistand erhoffend und überall im Harzer Gau sprach man vom „Raginstein", vom Felsen der Götter, der ratgebenden Wesen und Ratsuchenden.

Mitten auf dem Regenstein, in einem aus dem Stein herausgearbeiteten Gewölbe, saß oft ein steinaltes Männlein, von dem man nicht genau sagen konnte, ob er mehr an Jahren auf dem Buckel hatte oder der Felsen auf dem er saß. Fragte man ihn, ob die Ernte eingebracht, man selbst gesund werden oder das Kindlein kräftig auf die Welt kommen würde, antwortete er mit manchmal wirren Worten. Nur diejenigen unserer Ahnen, die ihren Geist ganz frei machen konnten, verstanden die Weisheit hinter seiner Narretei. Über den „heiligen Räumen" des „Weisen" war ein seltsames Gesicht in den Felsen gehauen. „Dies ist ein Affe!", sagte der Alte. „Ein wildes abnormes Tier, schlau, aber wie ein Mensch. Gehe ein Jahr gen Süden und von dort ein Jahr gen Osten, dann findest du Wälder, groß und tief, ...

… und die Bäume gewaltig, und die Tiere seltsam anzuschauen. Doch schaust du ihnen länger zu, wirst du bemerken, sie handeln wie wir." Und dann redete der Alte davon, dass Menschen von den Affen abstammen und, dass sie uns in einem überlegen sind: „Sie sind mit Wenigem zufrieden!"

„So will ich dir raten, dich zum Affen zu machen!", lachte der Alte, sprang plötzlich auf die Beine und begann, ausgelassen zu tanzen, als hätten seine Knochen nicht schon hundert Mal den Frühling gesehen. Wie ein junger Rehbock, der für ein Weibchen balzt, sprang er umher, breitete dann seine Schwingen wie ein Adler, flog von Felssprung zu Felssprung, dicht an den Klippen, worauf er sich am Abhang aufrichtete und sich mit den Fäusten immer abwechselnd auf den Brustkorb schlug. Dabei brüllte er entsetzlich. Mit offenen Mündern standen die Ratsuchenden noch immer da, als sich der Alte mit einem breiten Lächeln auf dem Gesicht zu Boden gesetzt hatte und sagte: „Sich zum Affen zu machen, befreit den Geist, verjüngt den Leib, und verjagt jeden Krankheitsdämon!" Und wie er den Satz beendet hatte, träumte der Alte sich weg. Es war, als ob er schliefe, sagte kein Wort mehr, verstand lächelnd aber alles, was um ihn herum geschah.

Solche Rituale, die den Geist beruhigen, weil der Körper an seine Grenzen kommt und darüber in Trance gerät, kennt heute jede Religion: Im Sufismus tanzt man, im Islam und Buddhismus wirft man sich nieder, immer und immer wieder. Der Christ pilgert, betet und arbeitet und Oshos Anhänger meditieren dynamisch. - In einem solchen Zustand fragt der Geist nicht, ob er sich „zum Affen macht", was heute meint, dass man sich fürchterlich blamiert. Der Geist fragt nicht mehr, weil es ihm gleich ist, weil er sich im Zustand des absoluten Glücks befindet! Heute machen wir uns auf den Mittelalter- oder Vikingermärkten, wie hier und heute auf dem Regenstein „zum Affen", schlüpfen in andere Rollen, aber was soll's! Zum Glück gibt es unterschiedliche Wege zum Glück, man sagt, das wussten die Alten schon damals! Möge jeder den Seinen finden! *(aufgeschrieben von Carsten Kiehne)*

Der Traumminister

$\mathcal{J}$n einer Zeit, da Träume noch etwas galten, regierte Poppo I., Graf von Blankenburg und Regenstein aus der stolzen Linie der Reginbodonen, über weite Teile des Harzes. Doch auch die Mächtigsten plagt im Alltag oft mächtiges Leid. Einmal, wie ihm wieder der Rücken schmerzte und er sich kaum drehen und wenden konnte, schlief er unter großen Schmerzen ein, doch nicht ohne vorher den Geist seiner Ahnen angerufen zu haben. Dieser sollte ihm im Traume erzählen, weshalb sein Rücken kniff und brüllte. – In jener Nacht sah er sich unter Schmerzen auf dem höchsten Turm seiner Felsenfeste stehen, als der weißgewandete Geist seiner Ahnen kam und dem Grafen einen Fingerzeig gen Himmel gab.

Dort oben in den schweren schwarzen Wolken, zog der Zug der Geister blitzend und grummelnd gen Brocken und plötzlich fiel ein Rabe tot vom

Himmel. Mitten auf der freien Weide vor der Burg schlug er auf und im nächsten Augenblick, lag sein liebstes, dort grasendes, schneeweißes Ross tot darnieder. – Schweißgebadet erwachte Graf Poppo I. am anderen Morgen und ließ seinen Traum-Mininister kommen, der ihm dieses Nachterlebnis zu deuten hatte. Der Minister wiegte bedächtig mit seinem schweren Kopf und erklärte mit gewichtiger Stimme, dass dies ein prophetischer Traum wäre, der nur bedeuten könne, dass seine große Liebe vor ihm sterben würde. Auch ward dem Grafen gesagt, dass alles seine Schuld wäre, weil er sich vom Herrn im Himmel abgewandt hätte. Nun sei er dazu verdammt, seine letzten Tage auf Erden leidend zu fristen.

„Raus", schrie Poppo, entließ den Traum-Mininister aus seinem Amt, verwies ihn aus der Burg und ließ alsogleich einen neuen kommen, welchem er seinen Traum erzählte. „Nun", sagte der Neue, „unzweifelhaft ist es ein prophetischer Traum, der nur bedeuten könne, dass er – der stolze Graf Poppo I., seine große Liebe finden werde und, da er als gesunder Mann ein sehr langes, glückliches Leben führen werde, sie freilich überlebt. Diese Liebe zu seinem Weibe, würde ihn zu Gott zurückführen, weshalb er seinen Lebensabend in großer Dankbarkeit verbrächte. Da lächelte Graf Poppo I. zufrieden, ernannte den Mann zu seinem neuen Traumminister und war zur selben Stunde von seinem Rückenleid befreit!
(aufgeschrieben nach Erzählungen Einheimischer)

Beten kann ein Anderer

Katharina ward als junges Mädchen ins Zisterzienserkloster nach Blankenburg gegeben, hatten doch ihre Eltern schon nicht genug Brot für all die anderen Kinder. So wuchs sie im Geiste ihrer Schwestern auf, die meinten, es genüge, zu beten, in der Heiligen Schrift zu lesen und zu arbeiten, damit sich alle Sorgen wie von selbst auflösen.

Lauschte sie aber ihrem Herzen oder träumte sie des Nachts, dann sah sie sich als Adler durch die Lüfte gleiten, frei über den Regenstein dahinsegeln und spürte, wie die Lebenslust mit jedem Flügelschlag ihren Körper vor Wonne erschaudern ließ. – In jener Zeit hauste auf Burg Regenstein ein Graf, der sich in allen Harzer Landen als wüster Raubritter einen Namen gemacht hatte. Er scherte sich um nichts und niemanden, hatte er in seinem „Adlernest", wie er seine uneinnehmbare Felsenfeste nannte, doch nichts zu fürchten. Was man gegen diesen Rohling tun könne, hatte Katharina ihre Mutter Oberin immer wieder gefragt, die scheinbar nur eine Antwort kannte: „Bete für die guten Seelen!"

Das aber war Katharina nicht genug. Diese Nacht beschloss sie, ihrem Ruf zu folgen, spannte den Esel an den Klosterkarren, nahm sich eine Laterne von der Pforte und bugsierte das Gefährt quietschend und klappernd auf den Heerweg unterm Regenstein. Vom Raubgrafen gesehen und überfallen zu werden, war doch gerade ihr Ziel. Sie würde ihm schon Gottes Gebote ins rohe Räuberherz ritzen. Der Regensteiner konnte sein Glück kaum fassen, erkannte er doch im Morgengrauen ein Frauenzimmer, noch dazu ein recht ansehnliches, ohne Geleit durch seine Wälder ziehen. Wenig später sprengte er Katharina entgegen, lachte hämisch, als er ihren Karren stoppte und sie wohlgefällig von oben bis unten betrachtete. „Wie's scheint, hat Gott mir ein Geschenk gemacht, mir eine Nonne für mein Schlafgemach zu schicken!", brüllte er so schauerlich, dass echten Männern die Buchse feucht geworden wäre.

Katharina aber lächelte nur müde, hob ihre Kutte und zeigte dem Räuber, was sich darunter sehen lassen konnte. Der wiederum stand nun sprachlos vor der Schönen und wusste weder, wer noch wo er war! „Konnte es wirklich wahr sein, dass sich eine Gottesdienerin ihm hier und jetzt freiwillig ergab?", dachte er noch, als sie vom Karren stieg, sich abseits vom Wege unter eine Kiefer legte, ihre Beine spreizte und den Überwältigten einlud, über sich zu kommen.

Endlich hatte der Raubgraf seine fünf Sinne wieder, sprang aus seinen sieben Sachen, auf die Dirne zu, die seinen bärtigen Kopf mit ihren beiden Händen so fest packte - dass der Mann wieder überrascht von so viel Kraft in solch zierlichen Gliedern, es schlichtweg geschehen ließ - und hinunter in ihren entblößten Schoß drückte. Oh, die Adlerfrau, die es sehr wohl verstand einen wilden Hengst zu binden, nahm nun einen Knüppel von der Erde und hieb ihn dem Räuber mit aller Wucht über'n Schädel, worauf der ohnmächtig in ihrer Scham zusammensackte. Wie der Mann wieder erwachte, da lag er mit seinem nackten Hintern im Sande, gefesselt an die Kiefer und die Nonne, die hockte nackend, wie der liebe Gott sie schuf, über dem Narren. In den nächsten Stunden lehrte sie den Räuber auf ihre Weise, was Gott ihr all die Jahre über die Liebe ins Herz flüsterte. Am Ende schwor ihr der Raubgraf, dass er ihr nichts tun, sie zu einem reichen Weibe machen, ja, sie sogar seine Gräfin werden würde … würde sie ihn nur von dieser süßen Qual befreien.

Wie es ausging? Ich hörte nur, dass der Raubgraf das Rauben ließ, sich eine Frau nahm, die Katharina hieß und dieser Göttin zu Ehren eine Kirche erbaute, die St. Katharinen. So kommt es eben, wenn man … ähm …, wenn Frau ihr Glück selbst in die Hand nimmt ... - Beten kann ein andrer! *(dem Volke abgelauscht & aufgeschrieben)*

Der Raubgraf vom Regenstein

Der Graf vom Regenstein hatte einst die schöne Jungfrau der Heimburg gefangen und ins schauerliche Verlies geworfen, weil sie gar nicht daran dachte, sein Weib werden zu wollen. Die harte Behandlung der Gefangenschaft sollte helfen, ihr Herz zu erweichen. Umsonst hatte der Raubgraf versucht, ihre Liebe zu gewinnen. Nun quälte und peinigte er sie, gab ihr nur das Nötigste, um sie am Leben zu halten und bald ihren Willen zu brechen.

Nach und nach vergingen ihr die Kräfte, sie magerte ab und saß zuletzt in Lumpen auf dem eiskalten, steinigen Boden des Kerkers. Sie war wahrlich kurz davor, sich zu beugen, weinte und beschloss, zur heiligen Jungfrau zu beten: „Bitte weise mir einen Weg aus dem Gefängnis oder hole mich zu dir in den Himmel!" Und, wie sie Amen sagte, begann plötzlich ein großer Sturm um den Regenstein zu brausen.

Tief in ihrem Kerker sitzend, der kein Licht und keinen Wind von außen hereinließ, hörte die Jungfrau der Heimburg doch die Antwort ihres Gebets. Wie dick konnte die Wand aus Sandstein schon sein, wenn sie den Sturm dort draußen vernahm?

Sie wollte es versuchen, sich durch die Sandsteinmauern zu kratzen. Zwar hatte sie kein Werkzeug im Loch, doch besaß sie den diamantenen Ring, ein Geschenk des Verlobten, mit dem sie ihre Arbeit begann: Sie schabte mit ihrem Ring an dem Felsen und sah mit großer Freude, dass der Stein mürbe und bröckelig war und ihrem Sinnen fast von selbst nachgab. Tag und Nacht, ein ganzes langes Jahr, arbeitete sie ununterbrochen und endlich entstand eine Öffnung so groß, dass sie hindurchsehen konnte. Nach dieser langer Zeit, sah sie wieder die Wunder der Welt: Den blauen Himmel, die goldene Sonne, grüne Bäume ... und atmete die köstliche, frische Luft. Noch eifriger als zuvor, kratzte sie ein Loch, groß genug, sich hindurchzuzwängen, aber oh weh: Als sie hinaustrat, sah sie die tiefe Schlucht zu ihren Füßen. Schwindelerregend und furchtbar gähnte ihr die Tiefe des Abgrunds entgegen. Beinahe wäre sie in ihrem Kerker geblieben, doch welche Schmach, welcher elende Tod, hätte sie darin erwartet? Nein, sie musste es versuchen und zögerte nicht: Mit aufgeschürften Fingern und blutenden Füßen, kletterte sie tiefer und immer tiefer hinab.

Fürwahr, sie stand unterm Schutz der heiligen Jungfrau, denn bald war das Unmögliche vollbracht. Am Boden angelangt, erhellte die aufgehende Sonne den Weg zu ihren Eltern die auf Heimburg nach so langer Zeit noch immer in Trauer waren. Erst jetzt erfuhren sie, wer der Entführer ihres geliebten Kindes gewesen und sammelten eiligst Freunde und Reisige, um gegen den Regenstein zu ziehen. – Geraume Zeit widerstand die Feste dem Ansturm, bis der Raubgraf endlich einer List erlag: Die verhassten Feinde der Heim-burg hatten sich zurückgezogen, worauf der Graf spottete, man könne die Mauern seines Regensteins im Kampfe niemals überrennen. Aushungern wäre die einzige Option, ihn in die Knie zu zwingen, was er nun befürchtete. Rasch sandte er seine Mannen in die umliegenden Orte, in der sicher nur kurz während Waffenruhe, Lebensmittel heranzuschaffen. – Wenig später polterten dreißig Wagen, bis unter die Planen beladen mit dem Köstlichsten, was der Gau zu bieten hatte. Wie man aber die Tore öffnete und die Wagen in die Feste ließ, sprangen aus allen Wagen Reisige hervor.

Auch die Bauern rissen sich Kittel und Kapuzen vom Leibe, hatten alle einen Harnisch drunter und plötzlich stand die ganze Feste voll von Waffenbrüdern, der Jungfrauen Unrecht zu vergelten. Nur wenig konnten die Regensteiner Wachen dieser Entschlossenheit entgegensetzen Aller Widerstand war unmöglich, das sah auch der Raubgraf ein und suchte nun heimlich zu entkommen. Aber wie nur? Weil alle Ausgänge vom Feinde besetzt waren, knüpfte er rasch aus Betttüchern ein Seil, ließ sich an der steilsten Seite des Felsens hinunter, entkam damit dem Tode aber nicht dem unglücklichen Schicksal.

Drei Tage darauf ließ ein goldener Morgen die Menschen selig erwachen: Heute soll große Hochzeit sein! Auf dem höchsten Turm des Regensteins, stand die Jungfrau mit dem Liebsten, der ihr einst den diamantenen Ring geschenkt, umschlungen in einer wundervollen Ewigkeit. Beide sahen die Dunkelheit im lichtvollen Farbenmeer versinken und, wie dieser Tag sich dem Ende zuneigte, waren sie auf ewig verbunden, gekrönt und ihnen der Regenstein von den Eroberern zum Geschenk gemacht!

Den Bock zum Gärtner machen

*D*iese närrische Jugend!", fluchte ein Bauer aus Schlanstedt, der auf die Flausen seines Sohnemanns fürwahr keinen Bock hatte. Besorgt schüttelte er seinen fleischigen Kopf, „Wer wird denn meinen Bock zum Gärtner machen wollen?" Sein Sohnemann, Bock mit Namen, wollte nämlich Ritter werden und wurde bockig, wann immer ihn sein Vater zu bäuerlichen Pflichten, wie Aussaat oder Ernte rief.

In jeder freien Minute trieb sich der Bock also auf den Burgen des Harzgaus herum, sah den Rittern beim Schwertkampf zu, schwatzte mit ihnen und erkaufte sich mit dem Wein seines Vaters, den er aus dessen Weinkeller heimlich mitgehen ließ, die Freundschaft manches Ehrenmannes. Als der Vater jedoch gewahr wurde, dass sich der Wein ohne sein Zutun leerte, da ließ er den unnützen Jungen die Peitsche spüren. Er meinte, die harten Hiebe würden helfen, den Hirngespinsten seines Sohnes Herr zu werden und ihm den Bock auszutreiben, aber weit gefehlt:

Mit wenigen Habseligkeiten riss Bock aus dem Elternhaus aus und erbettelte beim Grafen von Regenstein eine Anstellung, der es mit ihm tatsächlich versuchen wollte. Eines Tages geriet der Regensteiner in ein arges Kampfgetümmel mit den Herren von Barby, einem widerlichen Räuberpack und drohte, zu unterliegen. Mit zu wenig Rittern war Albrecht von Regenstein den Räubern an den Thekenbergen entgegengeritten und in einen Hinterhalt geraten. Freilich waren die dreißig Mann seines gut gerüsteten Fußvolks nur eine halbe Stunde hinter ihm. Was aber nützte das, wenn seine Vorreiter erschlagen oder mit Armbrustpfeilen im Hals am Boden lagen, sich vier Räuber auf ihn warfen und er die Klinge eines Messers schon am Halse spürte?

Einzig der Knappe Bock stand noch auf seinen Beinen, dachte nicht ans Weglaufen, sondern warf sich heißblütig mit solcher Wucht auf den Haufen, dass der Regensteiner wieder Luft bekam.

Seite an Seite kämpfte der Herr mit dem treuesten Diener, worauf einer, zwei, drei der Räuber blutend zu Boden gingen und der Rest in heilloser Flucht das Weite suchte. Als der neue Morgen graute, schlug der Graf von Regenstein den Bock zum Ritter. *(aufgeschrieben in „Sagenhaftes Halberstadt")*

Die Erstürmung der Lauenburg

S eit vielen Monaten lag ein unversöhnbarer Streit zwischen Graf Albrecht von Regenstein und dem Bischof Albrecht von Halberstadt. Beide stritten um die Vormachtstellung im Harz und der Bischof sah mit Grauen, wie der Regensteiner von Tag zu Tag mächtiger wurde, zumal es dessen gutes Recht wäre, bald auch noch die gewaltige Feste Lauenburg für sich zu beanspruchen. „Uns holt der Teufel, holt sich der Regensteiner die Lauenburg.", dachte der Bischof laut, schritt besorgt in der Apsis des Domes auf und ab und fügte hinzu: „Stadt-hauptmann, stellt eine Mannschaft auf, zieht gegen die Burg und besetzt sie im Namen der Kirche! Schickt aber gleich einen Boten aus, um dem Burgvogt unser Kommen anzukündigen!"

Graf Albrecht ahnte aber diesen Schachzug und gedachte, dem Bischof zuvorzukommen. Eiligst zog er einen Trupp von zwanzig leicht gewapp-neten Landsknechten zusammen und ritt zur gleichen Nachtstunde los. Kurz vorm Morgendämmern erreichten sie die Lauenburg. Der Botschafter des Bischofs war mittlerweile eingetroffen, worauf der Vogt getrost die Halberstädter erwartete. Im Leichtsinn ließ er die Tore offenstehen, die Zugbrücke unten und die Torwachen schnarchten beseelt, als ginge es darum, tausendjährige Eichen zu fällen. Niemand bekam mit, wie die Regensteiner in einiger Entfernung die Pferde anbanden, behutsam die Brücke zwischen Haupt- und Vorburg erkletterten und Albrecht den Großteil seiner Mannen anschickte, sich leise in der Hauptburg zu verstecken. – Nun wartete der Graf mit zwei tapferen Gefolgsleuten im Rücken geduldig auf die ersten Sonnenstrahlen …

... und eben, wie der Hahn im unter der Burg liegenden Vorwerk Stecklenberg krähte, pfiff Albrecht einmal schrill, die Wachen schreckten aus dem Tiefschlaf hoch, zeterten und riefen „Alarm, Alarm, der Regensteiner!", worauf binnen weniger Sekunden die schweren Ketten rasselten und das Fallgitter hinunterstürzte. „Ergebt euch, wenn ihr an eurem Leben hängt!", rief Albrecht in strengem Ton, worauf die Burgleute in schallendes Gelächter ausbrachen, war es doch ein Leichtes jene gewaltige Feste mit nur zehn Mannen gegen Hunderte zu verteidigen. „Du hast nur zwei Ritter, schon bitter, wenn man nicht weiß, dass man verloren hat, die Lauenburg gehört Halberstadt!", tönte der Burgvogt. Nun pfiff der Regensteiner aber ein zweites Mal, worauf achtzehn mit Morgenstern, Lanzen und Schwertern bewaffnete Recken aus ihren Verstecken sprangen und mit Kampfgeschrei auf die Burgmannschaft losstürmten.

Bevor der Burgvogt zu Atem kam, hatte er schon drei Klingen am Halse. Rasch ward das Fallgitter wieder hochgezogen und wie der Graf durchs Tor eintrat, blitzte die Sonne gerade übern Horizont. „Nichts ist verloren Vogt!", lachte er und fügte hinzu, „Sieh, mit dem ersten Sonnenschein, gehört die Burg dem Regenstein!" So ist eine der stolzesten Festen aller deutschen Lande ohne einen einzigen Schwerthieb und ohne Blutvergießen genommen worden. Wie die Halberstädter gegen Mittag vors Haupttor der Lauenburg ritten, mussten sie feststellen, dass die Feste uneinnehmbar in der Hand des Grafen lag. Mürrisch zog der Heerhaufen wieder ab.

Das Wernigeröder Femgericht Achtwort

*a*ls das Grafengeschlecht von Wernigerode in der Mitte des 13. Jahrhunderts immer mächtiger wurde, stieß es an die große Grafschaft der Regensteiner, bekannt für ihre Gier und Unerbittlichkeit gegen Untertanen. Die Regensteiner beobachteten die Wernigeröder schon lange mit Argwohn. Es schmeckte ihnen ganz und gar nicht, dass ein neues Haus, zumal so nah gelegen, an Macht gewann. Die Wernigeröder Grafen wiederum sahen diesem unausweichlichen Streit ins Auge: Er würde nur darin münden können, sich am Ende selbst zu unterwerfen oder das überlegene Grafenhaus fintenreich zu besiegen. Aber, wie konnte man es anstellen, ohne voreilig eine Fehde vom Zaun zu brechen, das Einflussgebiet zu vergrößern und sich gleichzeitig aus der Zange der Regensteiner zu befreien?

Oh, sie hatten sich einen klugen Schachzug ersonnen und luden die Edlen von neun Dörfern am Huy, die im Grafschaftsbereich der Regensteiner lagen, unter wohlklingenden Versprechungen zu sich auf den Thingplatz „Hartesrod" ein. Dieser Gerichtsort im heutigen Stadtteil Hasserode war weit genug von den Ohren und Augen der verhassten Feinde entfernt. „Danke, dass ihr Edlen euch die Mühe machtet, heimlich herzukommen.", setzte der Wernigeröder Graf zu reden an.

„Wir wissen um eure miserable Lage: Die Regensteiner halten euch kurz, geben die Lehen viel zu teuer ab, fordern nur, bei wenigen Rechten ..., ich weiß ...!" Ein allgemeines Raunen verhieß dem Redner die Zustimmung der Versammelten, woraus er schloss, dass ihm nun alle zuhören würden. „Hört meinen Vorschlag: Da wir die Waldrechte um eure Dörfer innehaben und eure Not sehen, gewähren wir euch und euren Bauern die Holznutzungsrechte ...!" - „Was versprecht ihr euch dafür?", platzte einer der Edlen vom Huy in die Rede des Wernigeröders. Eine Totenstille legte sich über den altheiligen Platz! Niemand wagte mehr zu sprechen und alle Augen hafteten am Grafen, der süß zu lächeln begann und flüsterte: „Wenn es hart auf hart kommt, ... und der Regensteiner eure Lehenstreue fordert, verweigert ihr sie ihm und steht zu mir!" – „Das ist Verrat ..." schrie einer der Bauern, stand entschlossen auf und forderte die Seinen zum Gehen. Doch als er sah, dass er alleine stand, verließ er grußlos den Platz, sprang auf sein Pferd und scheuchte von dannen.

Noch zur selben Stunde gaben die Edlen von acht Dörfern dem Grafen ihr Wort. Da wusste der Wernigeröder, dass mit Hilfe der Edlen aus Heudeber, Reddeber, Danstedt, Ströbeck, Athenstedt, Aspenstedt, Sargstedt und Runstedt die Sonne fürs Regensteiner Grafenhaus unterging. Von jenem Tage an, hieß das Femgericht die „Achtwort". Ob der dem Regensteiner treu ergeben Edle zuhause ankam, bezweifle ich! *(aufgeschrieben nach Grosse)*

Der Fluch des Grafen Albrecht von Regenstein

*N*ein, niemals werde ich es dem falschen Kirchenfürsten verzeihen, dass er mir die Macht über Quedlinburg raubte!", schnaubte Graf Albrecht von Regenstein, der eigentlich Schutzvogt über das reiche Quedlinburg war. Bischof Albrecht von Halberstadt hatte voller Missgunst mit ansehen müssen, wie der Graf mächtiger ward als er und intrigierte bei der Bürgerschaft, die sich alsbald gegen ihren Schutzvogt auflehnte.

Als der dann sein Recht einzufordern suchte, kam dem bedrängten Quedlinburg einst Halberstadt zur Hilfe, besiegte den Waffenbund der Regensteiner und nahm deren Anführer Graf Albrecht gefangen. Wochenlang musste der in einem Holzkasten sitzen, zur Belustigung aller Edelleute und konnte sich erst gegen ein enormes Pfandgeld freikaufen. Zwanzig Wehrtürme soll Quedlinburg mit diesem Lösegeld erbaut haben!

Als Vergeltung überfiel Graf Albrecht zu Weihnachten im Jahre 1347 den Bischofsitz, erstürmte und plünderte Halberstadt. Nur an dem bischöflichen Hauptmann, der ihm bei Quedlinburg so manche Schlappe beibrachte und ihn einst gefangen setzte, konnte sich der Graf bislang nicht rächen. Auf den richtete sich nun sein ganzer Hass:

„Lasst ihn wissen, ich knüpfe ihn am nächsten Baume auf, werd' ich ihm habhaft!" – Anders als erwartet bekam der Graf aber Antwort, dass er aufpassen solle, dass es ihm nicht so erginge, haben es Flüche doch meist an sich, dass sie sich am ärgsten gegen den Fluchenden selbst richten. So kam es dann auch: Ein Jahr darauf trafen bei Langenstein zwei Heerhaufen aufeinander. Der bischöfliche Hauptmann geriet dabei ins Hintertreffen, zog sich auf die Alte Burg zurück, ja, wie die Hasen rannten dessen Mannen die Klippe hinauf, stolperten und fielen übereinander, worauf die Schlachtrosse Graf Albrechts sie mit Freude niederritten. Der Halberstädter Hauptmann war nur noch wenige Meter vom Schwertarm des Grafen entfernt. „Endlich ist der Tag meiner Rache gekommen!", dachte dieser eben noch, ohne das verschmitzte Grinsen des Hauptmanns wahrzunehmen. Der rannte nämlich um einen nicht einsehbaren Felsen, kletterte rasch daran empor, dicht gefolgt von Albrecht auf dem Schlachtross. Plötzlich scheute das Pferd und der Graf sah aus dem Augenwinkel, dass er in eine Falle geraten war. Um ihn herum standen Halberstädter Armbrustschützen, die nun einen Pfeilhagel auf die Regensteiner niedergehen ließen. Zehnfach getroffen brach das Ross des Grafen zusammen und begrub seinen Reiter unter sich. Der Hauptmann schritt näher, blickte sich um, sah jedoch weit und breit keinen einzigen Baum in der Nähe stehen. Da rammte er Albrecht kurzerhand dessen eigenes Schwert in die Brust, nahm dann seine Lanze, bohrte sie tief in den Boden und band den röchelnden Grafen daran fest, so dass es aussah, als würde er am Baume hängen. – Die Moral von der Geschicht'? Ein Fluch löscht meist das Lebenslicht, von eben dem, der ihn ausspricht!

Der rostige Zimmermannsnagel

*a*ndere sagen, der Stiftshauptmann Halberstadts hätte den Raubgrafen mit einem großen Zimmermannsnagel im Streit erschlagen. Die Schwerter der sich streitenden Männer wären beide im Kampfe zerbrochen, so schlugen sie aufeinander mit Fäusten und mit Knüppeln ein, bis der Halberstädter einen langen Eisennagel fand ...

und ihn dem fluchenden Regensteiner tief in die Brust rammte. Gemeuchelt blieb der Raubgraf am Wegesrand liegen, während sich der Stiftshauptmann mit letzter Kraft nach Halberstadt schleppte. In seinem Domizil, was heute der Halberstädter Hof ist, aber einst eine burgähnliche Vogtei war, wusch er sich das Blut von den Händen und kam endlich dazu, nachzusinnen: Ja, sie waren sich spinnefeind gewesen und doch musste der Hauptmann dem, um einige Jahre älteren Grafen seine Achtung zollen, waren sie sich doch an Kraft und Geschicklichkeit ebenbürtig. Nun lag der einst so stolze Graf, wie ein Vagabund tot an irgendeinem Kreuzweg. Der Hauptmann schämte sich nun seiner, den Mann, auch wenn es sein Feind gewesen, nicht eine Sargstatt gefertigt und ihm die Absolution verwehrt zu haben. Selbst den blutigen Zimmermannsnagel hatte er mitgenommen, ihn stolz seinen Freunden zu zeigen und noch seinen Kindeskindern die Geschichte siegesgemut zum Einschlafen zu erzählen. Doch das war ihm nun vergangen. – Voller Reue schaffte er den Nagel aus dem Haus und warf ihn in die nahe Holtemme. Stell dir aber sein Grauen vor, als er wieder in die Stube trat und eben jener fortgeworfene Nagel wieder auf der Schwelle lag. Schlimmer noch: So oft er fortgeworfen war, kehrte er von Geisterhand wieder heim, als wäre er unabdingbar von nun an mit dem Schicksal des Stiftshauptmannes und seines Wohnhauses verwachsen. Tief ließ man den Nagel im Keller vergraben, doch von nun an spukte es im Haus und der Stiftshauptmann ward seines Lebens nicht mehr froh.

Erst drei Generationen darauf, träumte ein Mägdelein von einem alten Mann, der sich als der Regensteiner ausgab. Dieser bat das junge Ding, doch endlich den Nagel zu bergen und sein Blut davon abzuwaschen. Er wolle nicht mehr rumoren, nicht mehr jede Nacht spuken gehen, wäre doch genug Zeit ins Land gegangen und mit ihr, der reinen Magd, nun ein so gutes Herz in die Familie des Hauptmannes geboren worden, dass der alte Fluch gelöst werden könne. Wie man es den Knechten am Folgetag ausrichten ließ, wo zu graben wäre, fand man tatsächlich den Nagel, voll von blutigem Rost. Beherzt wusch sie alles fort und erlöste damit den Geist des Regensteiners, der nicht ohne Dank zu sagen sein Gefängnis verließ:

„Ferner soll jeder Trank, der über diesen Nagel fließt, sofern Reue im Herzen sprießt, zum ew'gen Gottesdank verhelfen, dass der Leib genest!"

Von jenem Tage an war der Geist des Raubgrafen verschwunden. Das junge Mädchen aber nahm sich ein Herz, ließ warmes Wasser über den Nagel laufen und gabs der Großmutter zu trinken. Noch am selben Abend war deren Halsweh vergangen. Auch anderes Leid ward von nun an mit dem Nagelwasser geheilt. Du glaubst es nicht und willst dich von der Kraft des hochprozentigen Nagelwassers lieber selbst überzeugen? Nur zu, es ist der „Nagelrost", der im Halberstädter Hof noch heute angeboten wird!
(aufgeschrieben nach Packebusch)

Der Kopflose Reiter am Horstberg

Die Regensteiner merkten wohl, dass etwas im Busche war, nicht nur, weil die Wernigeröder immer mutiger wurden. Auch die Quedlinburger hatten ihnen die Schutzherrschaft aufgekündigt, sich mit den Halberstädtern verbündet und allmählich schloss sich ein immer enger werdender Kreis um die Hoheitsgebiete der Blankenburger. „Augen und Ohren müssen wir offenhalten, den Burgen- sowie unseren Wehrturmgürtel erweitern, befestigen ...!", überlegten die Regensteiner, worauf bald auf dem Horstberg, unmittelbar vor den Toren Wernigerodes, ein trotziger Wehrturm in die Höhe wuchs. Von diesem aus wurden Truppenbewegungen der Wernigeröder überwacht, auch Kaufmannszüge ausgespäht, wohl auch überfallen, sagt man, so dass die Wernigeröder den Regensteiner Raubgrafen bald aus aller Munde verfluchten: „Auch im Tode soll er keine Ruhe finden und auf alle Zeiten umherirren!" ...

Viele hundert Jahre waren ins Land gestrichen, vom Raubgrafen erzählte man höchstens noch Geschichten, das einst stolze Geschlecht der Regensteiner war erloschen, die Warte auf dem Horstberg längst verlassen, wüst geworden und zur Hälfte abgebrochen ...,

da gingen mehrere Leute zum Hostberge um Kräuter zu sammeln. Als die Körbe voll waren, sahen sie hinauf zum Bergrücken und sagten: „Lat uns mal in den Torme rop gahn, wei wilt mal sein, wie dat da oben utsieht." Wie sie aber den Turm betraten und einige Stufen hinaufgegangen waren, kam von oben jemand auf dem Pferde die Treppe herabgeritten. Wie erschraken die Männer, als sie bemerkten, dass der Reiter vor ihnen keinen Kopf hatte. Als das Pferd sich aufbäumte, als wollte es die Männer mit den Hufen niederhacken, da rannten sie um ihr Leben und riefen. „Leiber Gott, dei Kerl hat keinen Kopp! Lopet, lopet!" – Sie rannten so schnell sie nur konnten, doch der kopflose Reiter sprengte hinter ihnen her, kam immer näher, holte sie jedoch nie gänzlich ein. Als sie am Wolfsholz anlangten und ins Unterholz flüchteten, ließ der Reiter von ihnen ab, preschte an der Waldkante entlang, zum Wolfsholzteich hin, dort bäumte sich das Pferd noch einmal auf und sprang mitsamt des kopflosen Reiters hinein. Nie wieder betraten die Männer unachtsam die Horstbergwarte! Der kopflose Reiter soll übrigens zum ersten Mal gesehen worden sein, in jener Nacht, in der Albrecht II vom Regenstein, der berüchtigte Blankenburger Raubgraf, hinterrücks überfallen und enthauptet wurde. *(aufgeschrieben nach Pröhle)*

Der Graf im Fegefeuer

 $\mathcal{E}$ iner der Regensteiner Grafen war einmal in arge finanzielle Nöte geraten, so dass er sich bei einem wohlhabenden Bürger Blankenburgs beleihen musste. Als aber der Frühling verging, wie auch der Sommer und der Herbst langsam die Blätter bunt färbte und der Bürger noch immer kein Sterbenswörtchen vom Grafen gehört hatte, kam er vor die Burg Regenstein geritten, um endlich sein Geld zurückzufordern. Doch anders als gedacht, ließ man ihn nicht einmal vor den Schuldner treten. Vorm verschlossenen Burgtor stand er, wurde verlacht und forsch vertröstet. – Wie der Herbst verging und der Winter kam, hörte der Bürger ein unglaubliches Gerücht durch die Straßen des verschneiten und verschlafenen Blankenburgs ziehen: Der Graf von Regenstein, der sich schon eine ganze Weile mit Wernigerode befehdete, ist von einem Überfall auf den Feind nicht zurückgekehrt. Sein Trupp wäre aufgerieben und verstreut worden und vom Grafen selbst fehle jedes Lebenszeichen. Keine Leiche ward je gefunden und doch nannten sich dessen Nachkommen, die nun auf der sturmumsausten Felsenfeste hockten, Grafen vom Regenstein.

„Wer wagt gewinnt!", dachte sich der Bürger, sattelte noch zur Stunde sein Pferd und ritt gen Regenstein, um sich von den Nachkommen sein Geld zurück zu erbitten. Wie zuvor aber ward er mit Hohn verjagt, worauf er die Grafen verfluchend nach Hause ritt. Er war aber nicht weit gekommen, als er vor sich am Wegesrand eine Felsspalte entdeckte, schwarzer, schwefliger Rauch strömte daraus hervor und drinnen war flackerndes Licht. Oh, welche Hitze strömte ihm aus der Erdspalte entgegen und, wie er näherkam, erblickte er darin … den alten Regensteiner Grafen, sich vor schlimmen Schmerzen windend und heulend im Fegefeuer. Wie der Graf den Bürger erblickte, schrie er in seiner Qual: „Bitte vergib mir, rette meine Seele aus den Flammen, nimm meinen Siegelring, die Meinen werden ihn erkennen und dir glauben. Bitte zögere nicht, vergib mir und geh'!"

Der Bürger zeichnete ein Kreuz über dem Grafen und betete ein Vater Unser, bevor er zurück zum Regenstein eilte. Wie es der alte Regensteiner vorausgesagt hatte, bekam der Bürger alles mit Zins und Zinseszins zurück, als er die eben erlebte Geschichte vom Regensteiner Grafen im Fegefeuer erzählte. Seit jenem Tage waren die Grafen stets bestrebt, mehr zu geben als sie nehmen. Wie der Bürger nun zurückritt, war die Felsenspalte wohl noch da, vom Rauch und Feuer und Licht aber war nichts mehr zu sehen. Da beschloss auch der Bürger – erstaunt davon, wieviel ein ernst gemeintes Gebet bewirkt – seine Werte neu zu ordnen. *(aufgeschrieben nach Kahlo)*

Die Gründung des Siechenhofes

*D*ie im 13. Jahrhundert mächtigen Gaugrafen von Reinstein und Blankenburgs besaßen auch bedeutende Besitzungen in Halberstadt und benannten dieses Land Klein-Blankenburg. Die Gräfinnen Meta und Margarete von Reinstein hielten sich zu dieser Zeit besonders gern in jener waldigen Umgebung auf, lustwandelten in den blumenreichen Fluren, hatten sich aber eines Tages auf ihrer Wanderung verausgabt. So setzten sich die beiden ins Alter gekommenen Damen ganz und gar ermattet an einer frischsprudelnden Quelle nieder, genossen die Ruhe und schöpften und tranken das kristallklare Wasser. Aber, was war denn das?

Wie sie das herrliche Nass an den Mund führten und es die Lippen netzte, da fühlten sie sich sofort sonderbar verjüngt. Ihre Herzen taten Freuden-sprünge und beide strahlten von innen und außen, so als wäre die Knospe ihres Lebens gerade erst erblüht. Von nun an wiederholten sie den Spa-ziergang und pilgerten zur Quelle. Wie sie das heilbringende Wasser nun täglich tranken, erholten sich ihre siechen Körper und selbst ihre Augen begannen nun, wie Perlen im Mondlicht zu leuchten.

Endlich entschlossen sie sich, am Ort der Quelle ein Haus zu erbauen, das ihnen Ruhestätte werden sollte, wenn die Herbst- und Winterstürme ihnen das Wandern verbieten würden. Wie man aber eben die Grundsteinlegung ihres Heimes feierte, sahen sich die Gräfinnen gegenseitig in die Augen und verstanden, was sich ihre Herzen zuflüsterten. Es sollte nicht nur ihr Heim werden, dessen Tore sich nur für die Reichen öffnen würden. In diesem neuen Haus, sollten auch Arme und Sieche Obdach und Heilung finden. Die Kunde vom wohltätigen Beginnen der Gräfinnen und vom Heilquell, der das Leiden so Vieler schon gestillt hatte, war bald in aller Munde und so kamen immer mehr sieche Frauen. Neben dem neuen Siechenhof erhob sich eine kleine Kapelle, die mit ihrem helltönenden Turmlöckchen die siechen Bewohner zur Andacht und zum Dankgebet rief. Immer wieder gab es reiche Schenkungen jener Frauen, die von hier geheilt und glücklich zurück ins Leben fanden. Das Krankenhaus besteht bis zum heutigen Tage.
(aufgeschrieben in „Sagenhaftes Halberstadt")

Das Teufelsloch

Der Regenstein ist seit jeher Ort mystischer Erzählungen und Verteufelungen. Sein Name soll von „Raginstet" kommen und „Sitz der Götter" oder „Thron der weisen Seelen" bedeuten. All seine Geheimnisse würde der blanke Felsen aber nur Eingeweihten, Zauberern oder Hellsichtigen offenbaren. So ist bis heute eine rätselhafte Sage erhalten geblieben, die so manchen Fan alter Erzählungen in seltsame Geisteszustände taucht: Von rätselhafter Verwunderung bis hin zur nervenaufreibenden Verwirrung ist alles dabei – was soll die Sage bloß bedeuten? Vielleicht kommt ihr hinter des Rätsels Lösung: „Geh hinein in den Berg – viele Stufen – verweil' dort drei Tage, die wie einer sind, reife heran vom Greise zum Kind, bis du vom Stummen wirst gerufen. Doch gehst du erst, wenn du verstehst:

Im Teufelsloch liegen tausend Steine – ganz gleich, wie viele du heraus-
nimmst und sie ins Tal hinunterträgst, ein Geist trägt sie zurück, so wird's
nie leer. Das andre Becken wird nie voll, ganz gleich wie toll und womit
man's befüllt." *(aufgeschrieben nach Grässe)*

Warum die Regensteinmühle kein Wasser hat

J m Mühlentale, westlich gelegen vom Regenstein, sind die letzten
Überreste der Regensteinmühle zu finden. Bis auf den Stollen,
das wieder aufgebaute Wasserrad und die Gräben ist alles vom
Antlitz der Erde auf ewig verschwunden. Wie es dazu kam, erzählt diese
Sage: Auf dem Regenstein hausten zeitweise zügellose Raubgrafen und
wüste Leuteschinder, die das Landvolk der Umgebung zu argen Fron-
diensten heranzogen, um sie bis aufs Blut auszusaugen. Einst brach über
die Menschen im regenarmen Nordharz eine große Sommerdürre herein,
deren Folge eine herbe Teuerung alles Lebensnotwendigen im Lande war.

Der fleißige Landmann hatte kaum mehr Brot für sich und seine Liebsten, dennoch sollte er sich für die Grafen schinden und sein letztes Korn obendrein der herrschaftlichen Mühle abtreten. Alles Bitten und Wehklagen half nichts, die rücksichtslosen Ritter waren unerbittlich. Erbarmungslos rissen sie den Bauern auch das letzte Hemd lächelnd vom Leibe.

„Genug ist genug!", schrien die einfachen Blankenburger und trafen sich am Mittelstein, wie es die Ahnen seit Jahrhunderten taten. Dort wollten sie sich beraten, wie den Regensteiner Teufeln der Gar auszumachen sei. Schnell entsann man sich eines alten Zaubers: Aus den letzten Getreidehalmen eines Feldes am Regenstein gelegen, sollte eine menschengetreue Figur geschnürt und als ebenjene Grafen bezeichnet werden. Dann solle man in der Nacht zu Lughnasad dieser Strohpuppe die Anklagepunkte lauthals in die Winde lesen und ihr die Füße mit der Sichel abtrennen. Die Kraft des abnehmenden Mondes würde dann dafür Sorge tragen, dass die Macht der Geächteten gebrochen werden würde. Gesagt – getan!

Drei Tage darauf, als die Not am Ärgsten war und selbst die Regensteiner in Bedrängnis gerieten und fortwährend nach neuem Korn für ihre Mühle riefen, da versiegte der Wasserlauf aus heiterem Himmel und wollte selbst an wolkenschweren und herbstnassen Tagen kein Wasser mehr halten. Die Regensteiner aber, mussten von da an ihren Bedarf an Mehl aus den umliegenden Ortschaften für teures Geld erwerben. Und mit ihrem Wasserlauf versiegte auch der Quell an Macht, an dem sie sich so lange betrunken hatten. *(aufgeschrieben nach Schrader)*

Das Kreuz auf dem Regenstein

*W*ie viele Jahre der Krieg schon zwischen den Grafen zu Reinstein und dem Halberstädter Bischof tobte, konnte niemand mehr sicher sagen, nur spürte jeder am eigenen Leibe, welch großes Leid er über den ganzen Harz brachte. Die Halberstädter Bauern verfluchten ihren Bischof: „Hätte er bloß nicht den Raubgrafen erschlagen lassen!", denn seit dieser Mordtat, kannten die neuen Grafen von Burg Regenstein kein Halten mehr: Sie sprachen der Stadt die Blutfehde aus, überfielen nachts die Tore, plünderten alle Höfe des Umlandes, trieben die Herden fort, so dass sich bald kein recht-schaffener Bürger mehr vor die Tore der großen Stadt wagte. Dann aber trieben es die Regensteiner doch zu toll: Als der Halberstädter Bischof auf dem Hosikenberg sein Freigericht hielt, bei dem auch der Regensteiner Graf einen Schöffenplatz besetzte, folgte ein Wort dem anderen, bis urplötz-lich der Graf hoch und auf den Kirchenmann zusprang und diesen vor hundert fassungslosen Zeugen erschlug. Der unumstößliche Thingfrieden, gebrochen von einem Edelherren, der einen grausamen Mord an einem Kirchenmann verübte – so etwas gab es noch nie ... und zog den Kirchenbann des Papstes nach sich!

Was blieb dem Regensteiner Grafen anderes übrig als nach Rom zu pilgern und um Vergebung zu bitten? – Ein guter Papst ist immer besorgt um seine Lämmchen und gerne bereit den Sündern alle Schuld zu vergeben, sind die nur wirklich bereit zu sühnen. „Ihm wird vergeben werden, tut er aus tiefem Herzen Buße: Spende er der Kirche Geld, trete er einen Teil seines Landes ans Halberstädter Stift ab und trage er das Blutschwert ins Heilige Land – so löse ich über ihm den Bann und segne seine Wege!" – immer wieder hallten die Worte des Papstes im Kopf des Regensteiners nach. Wohin hatte ihn seine Wut getrieben? Nun war er auf dem Weg ins gelobte Land, fern ab von seiner schönen Heimat und es war ungewiss, ob er sie jemals wiedersehen würde. „Heiliger Stephan", bat der Graf inbrünstig „du siehst an meinen blutig gelaufenen Füßen, dass ich mein Bestes gebe. Sieh mir ins Herz, ich bin geläutert. Ich will nur heim, meine Liebste an die Brust drücken, an einer Tafel mit meinem Bruder sitzen, vom Burgfried auf meine Harzer Berge sehen ... ich bin überdrüssig, dem Spiel um Macht und Kampf ... ich bin so müde ...! Heiliger Stephan, bitte lass mich auf meiner Burg Regenstein sterben!"

Die Gemahlin des Grafen hatte während der Abwesenheit ihres Gatten ein Kreuz auf dem Turm des Regensteins aufstellen lassen und verkündet, dass für fromme Pilger auf der Feste jederzeit ein Nachtmahl mitsamt Schlafstatt bereitstände. Täglich bewirtete sie nun Gäste im Namen Gottes, betete und tat ebenfalls Buße, um die himmlische Strafe ihres Liebsten zu lindern. Eines Abends fand sie ihren Gemahl, tot am Boden des Rittersaals liegen. Der Heilige Stephan hatte also den Wunsch des Grafen erfüllt. Bald darauf beschloss auch die Gräfin dem Liebsten zu folgen. In ihrer Todesnacht erschien ihr der Heilige Stephan und versprach: „Kein Regensteiner Graf soll mehr in fremden Landen sterben! Vielmehr soll dein Geschlecht erblühen, solang das Kreuz auf dem Burgturm steht!" – Wenn einer der nachfolgenden Grafen nun im Sterben lag, erschien ein Jedem der tote Graf mit Schwert und Pilgergewand.

Dass das Wohl des Regensteiner Geschlechts von einem Kreuz abhängen solle, glaubte nach einigen hundert Jahren jedoch niemand mehr, so ließ man es nach und nach verkommen. Wundersamer Weise zerbröckelte aber gleichsam mit dem Morschwerden des Kreuzes, die Vormachtstellung der Grafen. Nur ein einziger, kinderloser Graf war am Ende vom stolzen Haus Reinstein noch übrig. An dem Tag, da das Kreuz aus seiner Halterung brach und vom Turm herabfiel, wurde er in einem Zweikampf zu Basel lebensgefährlich verletzt. Man bettete und versorgte ihn, stellte dem Edelherren Wachen vors Zelt und einen Medikus zur Seite, der stündlich nach ihm sah. Von einer Stunde auf die andere aber war der Regensteiner spurlos verschwunden. Etwa zeitgleich fand man seine Leiche zuhause im Rittersaal des Reinsteins liegen. *(aufgeschrieben nach Sternal)*

Die letzten Regensteiner

Im Brunnen des Regensteins, der einst als der tiefste Burgbrunnen der Welt galt, saß ein Brunnengeist der sehnsüchtig auf Erlösung harrte. Wie er hieß und, wie er dort hineingekommen war, weiß niemand mehr zu sagen, doch wusste jeder Graf, dass der Geist erst zur Ruhe kommen würde, wenn die Linie der Regensteiner verlöschen würde. So eng an das Glück und Unglück der Grafen gebunden, ward das ruhelose Wesen im Erdinneren stets mit vielen Gaben beschenkt, nach guten Wünschen angerufen und nach Visionen befragt.

Graf Friedrich, der bisher ohne Nachkommen geblieben war, hatte sich viele Jahre davor gescheut, dem Geist seiner Ahnen zu begegnen. Wie er aber immer älter wurde und sein geliebtes Weib, trotz täglicher Gebete nicht schwanger ward und auch kein guter Zauber half, besuchte er den Brunnengeist in einer vom Gewitter geschwängerten Nacht. „Geist meiner Ahnen", rief er in den ewig tiefen, dunklen Brunnenschacht hinab, „Mach, dass meine Frau einen Knaben kriegt!" – Da rief's zu ihm empor: „Den Wunsch werd' ich dir gewähren, dein Weib wird zwei Knaben gebären, doch trägt das Zweite meinen Namen, hat Gott mit mir Armen erbarmen – dann wird sich dein Geschlecht verzehren und ich darf in den Himmel auffahren!"

Halb bedrückt, halb beglückt, legte sich der Graf in jener Nacht zu seinem Weibe und wirklich, neun Monate später, ward der Holden ein Kindlein geboren. Ein kräftiger Junge war das, der Stolz seines Vaters, mutig und freundlich und aller Welt zur Freude. Bald darauf aber kündigte sich der zweite Knabe an. Es würde ein Kind werden, sagten die Bader, ein sehr großes sogar ... so groß, dass die Mutter im Kindbett verstarb. Wie sollte man den Sohn nun nennen, an dem das Schicksal des ganzen Hauses Regensteins lag. Es sollte ein Name sein, den niemand zuvor getragen hatte, nur, um der Prophezeiung des Brunnengeistes ganz sicher zu entgehen. „Helmold", ja „Helmold" sollte der zweite Knabe heißen.

Doch eben das war der Name des Geistes und ebenso ruchlos, wie jener Regensteiner, dessen Seele vor Jahrhunderten von Jahren wegen hundert böser Taten in den Brunnen gebannt wurde, lebte nun der Knabe und zog bald als Raubritter durch die Harzer Wälder. Als dann der Tag kam, als der alte Graf Friedrich verstarb, sammelte sich Helmold Gleichgesinnte und forderte von seinem Bruder das gesamte Erbe. „Komm es dir holen!", hatte jener von der Felsenfeste Regenstein aus lautstark verkündet, den jetzt die große Räuberbande Helmolds berannte. Tote auf beiden Seiten, Kampfgeschrei, Waffengeklirr, Flüche, Wehklagen und Schlimmeres erfüllten die laue Sommernacht und ließen jedes Tier vor Schreck erstarren. Bald schon kämpfte man im Vorhof, bald am Burgfried, bald darin ..., denn Helmold kannte ja alle geheimen Wege und Schlupflöcher, hatte er doch sein halbes Leben auf dem Regenstein verbracht ... doch, wie die Sonne aufging und sich beide Brüder mit blutverschmierten Gesichtern gegenüberstanden, da ließen sie die Waffen sinken und fielen sich in die Arme.

Was war das eine Freude. Man versorgte die Verwundeten, begrub die Toten und soff drei Tage lang und dann, dann waren sich die Brüder einig: Gemeinsam würden sie nun vom Regenstein aus, die Gegend unsicher machen, die Kaufmannszüge überfallen, die Höfe plündern und alle Widersacher ermorden ..., denn gemeinsam wären sie unschlagbar. Solche Bosheit aber missfiel den umliegenden Bauern und Grafenhäusern freilich, so dass sich bald viel Kriegsvolk zusammenrottete und als Händler gewandet auf dem Heerweg unterm Regenstein langsam in einer Wagenkarawane dahintrottete. Nun hoffte alles auf den Überfall der schlimmen Brüder, die wirklich auch die vermeintlichen Händler angriffen. Erschrocken waren sie plötzlich gezwungen, gegen eine Übermacht anzukämpfen und wollten nicht klein beigeben, würde doch mit ihrer Niederlage das Haus Regenstein am Ende sein. Nach Stunden des Kampfes nahm sich ein Jägersmann ein Herz, schoss einen Pfeil und schoss einen Zweiten und beide Raubgrafen sanken sterbend zu Boden. Als die Sonne am andern Morgen die mondlose Nacht verscheuchte, da war auch der letzte Räuber vom Regenstein geflohen und der Brunnengeist endlich erlöst. *(aufgeschrieben nach Oelsner)*

Der Dedingstein im Heers

*E*s war in einer tiefdunklen Nacht zum Dienstag, dem Tag des „Dings", in der das aufgebrachte Volk vor hunderten von Jahren am Dedingstein in den Sandhöhlen zusammenkam. „Gerechtigkeit" schrien die Bauern, Knechte und Mägde, „Sichere Straßen" und „Freiheit vom Joch" und ein Toben und Klatschen begann, als das Feuer oben auf dem Regenstein zu lodern begann. Erleichterung lag in allen Herzen, denn dieses Mal würde der Raubgraf nicht mehr davonkommen. Mit der aufgehenden Sonne, wäre er endlich gerichtet.

Das Feuer auf der Feste, verhieß den einfachen Leuten, dass auch die Edlen zustimmten, den Raubgrafen vor aller Augen zu femen, also zu verurteilen. „So sei es denn!", sprach der Richter, welcher, inmitten der Menge auf den umliegenden Felsen, gut sichtbar auf dem Dedingstein stand.

Und wie der Mann zu reden anhob, breitete sich eine fast gespenstige Stille an den Sandhöhlen aus – alles schwieg andächtig und jedes richterliche Wort drang durch die Senke, an den Waldrand und sogar zu den Rittern auf den Regenstein empor. Selbst oben auf der Feste, hörte man jedes tief im Tal gesprochene Wort ganz klar und deutlich: „Viel zu lang hat er euch der Raubgraf mit den Seinen drangsaliert. Er hat gestohlen und gemordet, Postkutschen überfallen und selbst gegen uns seine Eide gebrochen. Doch er bestreitet alles.", klagte der Redner und die Menge raunte verächtlich. „Gibt es einen unter euch, der gut Rede für den Beklagten zu halten weiß?", fragte der Richter in die Menge und fügte hinzu, „Dann melde er sich, rede jetzt oder schweige für alle Zeiten!"

Eine Totenstille hing über dem Gerichtsplatz und nicht einmal der Wind wagte es zu säuseln. „So sei es!", sprach der Richter, „Soll Gott sein Urteil über den Raubgrafen verhängen! Der Frevler möge beginnen, von der Königsfeste zu uns herabzusteigen. Und wenn unser Herr im Himmel es so will, so möge er den in Ungnade Gefallenen, sicher zur Erde geleiten!"

Der Raubgraf stand mit butterweichen Knien oben auf dem Regenstein, eben der Feste, von der er aus noch vor wenigen Tagen verächtlich auf das Volk herunter spuckte. Nun hörte er die Menge johlen und wusste, ein Gottesurteil würde über ihn entscheiden. Käme er vorm Morgengrauen unten an, wäre er gerettet, wäre weiterhin Graf über den Harzgau und niemand würde sich wagen, seine Taten in Zukunft anzuzweifeln. Und er würde sich furchtbar rächen und im Gedanken daran, presste er wütend seine Lippen aufeinander. Würde er aber die mehr denn hundert Meter in die Tiefe fallen, bräuchte er sich darüber nie wieder Gedanken zu machen. Allen Mut zusammennehmend, begann er behutsam mit dem Abstieg. Immer wieder rutschten seine Füße auf dem sandigen Boden weg; Wurzeln, an denen er Halt suchte, gaben nach; doch die größte Kraft kosteten die Gedanken daran, dass eben am Dedingstein wirklich niemand für ihn vorsprach.

Nach drei langen Stunden des Kletterns krochen die ersten Sonnenstrahlen über den Horizont und bemalten den Regenstein. Mit letzter Kraft hatte er gerade erst die Hälfte des Abstiegs hinter sich gebracht, war aber bereits ganz ein anderer Mensch geworden. Geläutert durch blutige Hände und Füße. Zitternd krallte er sich noch an einer jungen Birke fest, bis die Sonne langsam, doch unaufhaltsam zu ihm herabstieg. Sie wärmte sein Herz, umfing liebend seinen Geist und bat ihn eindringlich, endlich loszulassen, was er schließlich tat! *(aufgeschrieben nach Grosse)*

Weshalb der Blitz im Regenstein einschlug

S ind Sie sich sicher das Teufelsloch zuschütten zu lassen?", fragte der Unteroffizier seinen Kommandanten, wohl wissend, was die Mannschaften hinter vorgehaltener Hand erzählen. „Ich weiß auch, welchen abergläubischen Unfug man in Blankenburg redet, doch sind wir eine aufgeklärte Truppe, keine Heidenarmee.", …

schimpfte der preußische Befehlshaber auf dem Regenstein und setzte hinzu, „>Mut und Gehorsam< Herr Unteroffizier, das sind die Tugenden, an die ich glaube und jetzt schütte man diese vermaledeite Teufelsgrube endlich zu." Als die Männer den Befehl dazu erhielten, zögerten sie, das erste Mal in ihrem Leben. Gegen einen Feind im Feld zu kämpfen, ihm das Bajonett in die Brust zu rammen und ihm beim Sterben in die Augen zu sehen, das war man ja gewohnt, das war gut und richtig. Doch die Teufelsgrube zu füllen, davor warnten schon die Alten. Es ist ein Platz der seit frühester Zeit geehrt wurde, nicht umsonst die Inschrift „ANO MXC DIE ANNAE". Es war die heilige Anna, Mutter der Maria und Schutzheilige gegen alle Gefahren von Gewittern, der man wahrscheinlich seit 1090 im Teufelsloch gedachte.

Endlich war die Arbeit getan und die Grube verfüllt, als der Kommandant selbstzufrieden vor seine Männer trat und die Stimme erhob: „Morgen wird hier der Grundsteinbau für eure neuen Soldatenbaracken beginnen - an nichts wird es euch darin mangeln!" Doch den Männern war nicht wohl in ihrer Haut, bemerkten sie doch, wie sich in den letzten Stunden ihres Schaffens der Himmel zugezogen hatte. Und war heute nicht der Annentag? Ein schweres Gewitter schien sich auf den Regenstein zuzuwälzen und selbst dem Kommandanten gefiel der schwarze Himmel nicht, weshalb der aufgeklärte Mann, auch wenn er mit Gott wenig am Dreispitz hatte, nun die Kapelle der alten Burg aufsuchte, um für sein Bauvorhaben zu beten. In jenem Moment aber, schlug ein gewaltiger Blitz in den höchsten Punkt der Feste ein, doch es war kein Donner, den man alsgleich in Blankenburg bis hin nach Wernigerode und Halberstadt vernahm.

Eine gewaltige Explosion riss einen tiefen Krater in die alte Feste, zerschlug Teile des Burgfrieds und riss ganze Häuser vom schroffen Sandsteinfelsen. Der Blitz war in die Pulverkammer der Festung Regenstein gefahren und hatte alles in seiner Nähe zerstört. Lose Steintrümmer dieses furchtbaren Blitzeinschlags von 1736 sieht man bis heute am östlichen Ende der alten Kapelle liegen.

Der „verlorene Posten"

Ein Mistwetter ist das; und ich sitz' hier rum, soll Wache halten, maulaffenfeil auf die blöde Straße halten. Als würde heute jemand freiwillig seine warme Kemenate verlassen und durch die Pampa reisen!", motzte der einfache Soldat, der an einem stürmischen Herbsttag im Wachhäuschen an der nordöstlichen Steilkante des Regensteins seine Schicht versah. – Der Regenstein war seit dem 17. Jahrhundert preußische Festung, galt als uneinnehmbar, weil der Berg an drei von vier Seiten steil abfiel; eben am Wachposten sogar über einhundert Meter. Was wir heute als wunderbare Aussicht loben, war den Wachmännern einst der grauenvollste Dienst: Auf dem Felssporn wehte stets ein ekelhafter Wind und es zog so bitter kalt durch alle Ritzen. Zudem war es langweilig, ständig nach der Straße zu schielen. Und dann noch dieses anhaltende, wehklagende Geschrei. Direkt unter dem Posten waren die Gefangenen eingekerkert und deren Gejammer auszublenden, war wahrlich nervenaufreibend.

Doch in jener Nacht, da der Wachposten auf's Mistwetter schimpfte, rieb auch der Sturm am Felsen. Es heulte und knackste, das Häuschen wankte, die Verankerungen brachen und die ganze hölzerne Hütte stürzte mitsamt des Soldaten in die furchtbare Tiefe. - Erst am anderen Morgen gewahrten seine Kameraden mit großem Schrecken das Unglück, versuchten nun auch am Fuß des Regensteins die Leiche zu bergen, um dessen Grab zu bereiten. Ein erschreckendes Bild bot sich ihren Augen: Zerspellte und zerschmetterte Bretter und Balken. Wie würde erst ihr Freund aussehen? Doch keine Spur von dem zerschundenen Körper. Da ruft es von oben: „Kameraden, hier bin ich, hier, zieht mich rasch hoch ... oder reicht mir einen Kaffee runter." - Der vermeintlich Tote saß auf einem Felssporn unterhalb des Postens und winkte. Er hatte sich beim Absturz des Häuschens retten können und sich nur den Fuß gebrochen. Da war die Freude redlich groß, der heiligen Anna sei gedankt! Seit jenem Tage heißt der Felssporn der „Verlorene Posten"! *(aufgeschrieben nach Sternal)*

Wie die Preußen den Regenstein eroberten

*a*ls Preußen den geheimen Befehl nach Halberstadt gab, den Regenstein schnellstmöglich mit eigenen Truppenteilen zu besetzen, bekam aus irgendeinem Grund der Graf von Braunschweig davon Wind und hatte sogar genaue Nachricht davon, wann genau und mit welcher Truppenstärke die Besetzung vonstattengehen soll. Noch zur selben Stunde sandte er einen Trompeter als Ordonanzreiter nach Braunschweig, um den Preußen zuvorzukommen. Der Regenstein sollte braunschweigisch werden, weshalb die Besetzung so rasch wie möglich erfolgen sollte.

Weil es aber ein überaus heißer Sommertag war, machte der Reiter in einem Wirtshaus halt, ließ sich dort tüchtig ausschenken und, oh, was schmeckte ihm der hochprozentige Tropfen gut. So gut sogar, dass es seine Zunge löste und er redselig wurde. Da trompete er lautstark herum, welch wichtigen Auftrag er hätte und, dass auf dem Regenstein schon bald der „rote Löwe" wehen würde. Unter den Gästen im Wirtshaus saßen aber auch zwei Halberstädter, die dem Trompeter, wie sie seine Geschichte vernahmen, immer tüchtig nachschenken ließen, so dass er seinen Weiterritt vergaß. Umgehend eilte einer nach Halberstadt, um von der Absicht der Braunschweiger Meldung zu machen. So kam es, dass die Besitzergreifung des Regensteins von einer preußischen Vorhut noch zur selben Nacht stattfand.

Oh, ich will nicht in der Haut des Ordonanzreiters gesteckt haben. Sicher wird er sich am nächsten Tage verflucht und immer wieder gedacht haben: „Ach, wäre ich nicht im Wirtshaus gelandet, hätte mich die Sonne lieber dreimal braun gebrannt, dann hätte ich geschwiegen. Wie aber will sich einer, der nicht schweigen kann Braun-Schweiger nennen. – Ach Herr, lass Hirn vom Himmel regnen!" *(aufgeschrieben nach Bauernfeind)*

Ein einziger Schuss

Im Jahre 1757 war der Regenstein von Franzosen nahezu kampflos erobert worden. Von der sicheren Feste aus drangsalierte der Feind nun alle umliegenden, friedlichen Städte bis aufs Äußerste. Die Forderungen waren oft kaum zu erbringen: Einmal rückten 10.000 Franzosen in Halberstadt ein, verlangten 200.000 Reichstaler, 3000 Pfund Butter und 500 Pfund Talglichter, sonst würde man die Stadt zum Glimmen bringen. Zudem sei neben dieser Kleinigkeit nach ihrem Abzug die französische Garnison auf dem Regenstein täglich mit Lebensmitteln zu versorgen.

Am 12. Februar 1758 sollte damit Schluss sein. Der preußische Prinz Heinrich, zugleich General, stand mit einem Füsilierregiment und einer Artillerieabteilung vorm Regenstein und forderte die Kapitulation. Der französische Kommandant lachte nur über diese Dreistigkeit, war doch die stolze Feste mit Kanonen und Mannen aufs Beste besetzt, die Mauern repariert, verstärkt und noch niemals überrannt worden. Zudem waren die Vorratskammern des Felsennestes zum Bersten gefüllt!

„Oh là là, comme le Seigneur veut parce conquérir le Regenstein?", spottete der französische Kommandant auf der trutzigen Ringmauer stehend. „Was will er?", fragte Genreral Heinrich achselzuckend. „Wie Sie die Feste einzunehmen gedenken, fragt er!", übersetzte ein Offizier zu seiner Linken. „Mit unseren Kanonen!", entgegnete Heinrich entschlossen, doch der Franzose verhöhnte ihn nur: „Idiots ivres! Ihr féderlose Adlérköppe schießt doch nur mit gròßen Wòrten! Wie boiteux Mauérsegler werden eure Prussischen Uniformes von unséren murs auf den Mors fallen." „Er sagte … !", begann der preußische Adjudant zu übersetzen, aber Heinrich wehrte empört ab. „Ich habe genug gehört!" Sein Blick hatte sich verfinstert, als er sein Pferd wendete und mit den Offizieren zum nahen Papenberg ritt.

Diese Hügelkette war dank Heinrichs Artillerie auch schnell gewonnen, dort mit Manneskraft eine Schanze aufgeschoben und ein preußisches Geschütz ausgerichtet. Die Kanone schoss ein einziges Mal, es krachte und bevor die Franzosen auf dem Regenstein verstanden, was geschehen war, hörten sie drüben auf dem Papenberg laute Jubelrufe ihrer Gegner. Kurze Zeit später hisste der französische Kommandant die weiße Fahne und kapitulierte bedingungslos!

Was war geschehen? Die Preußen kannten freilich ihre eigene Feste gut genug, um zu wissen, dass Männer, Kanonen und Lebensmittel allein nicht genügten, um eine Belagerung zu überstehen. Zuallererst bedurfte es des Trinkwassers und genau darauf hatten es die Preußen abgesehen. Mit dem einzigen Schuss trafen sie das Brunnenhaus des Regensteins und zerstörten die komplette Wasserversorgung. Der französische Kommandant gab sich daraufhin mit 77 Mann in Gefangenschaft und wurde in die preußische Festung Magdeburg gebracht. Erbeutet hatte man von den Franzosen 9 Kanonen, 6 große Feldschlangen, 3767 Kanonenkugeln und 4 Wagen mit Musketen. Das Vieh wurde feierlich verzehrt.

Sämtlichen aufgefundenen Sprengstoff, insgesamt 85 Zentner, benutzte man, um die eigene Festung zu sprengen! Empörte Aufschreie gingen durch Blankenburg: „Weshalb die eigene Bastion aufgeben? Warum das Adlernest schleifen?" Doch freilich war es allen klar: Die tausendjährige Feste war wegen der heutigen Waffen nicht mehr zeitgemäß. Wenn die Preußen mit einem einzigen Schuss ein solches Bollwerk erobern können, ist es auch den Feinden von Morgen möglich. Am 28. Februar 1758 ließ Prinz Heinrich seinem Bruder, dem König vermelden, dass der Regenstein „vollständig demolieret" wäre und keine Gefahr mehr darstelle. *(aufgeschrieben nach Bauernfeind)*

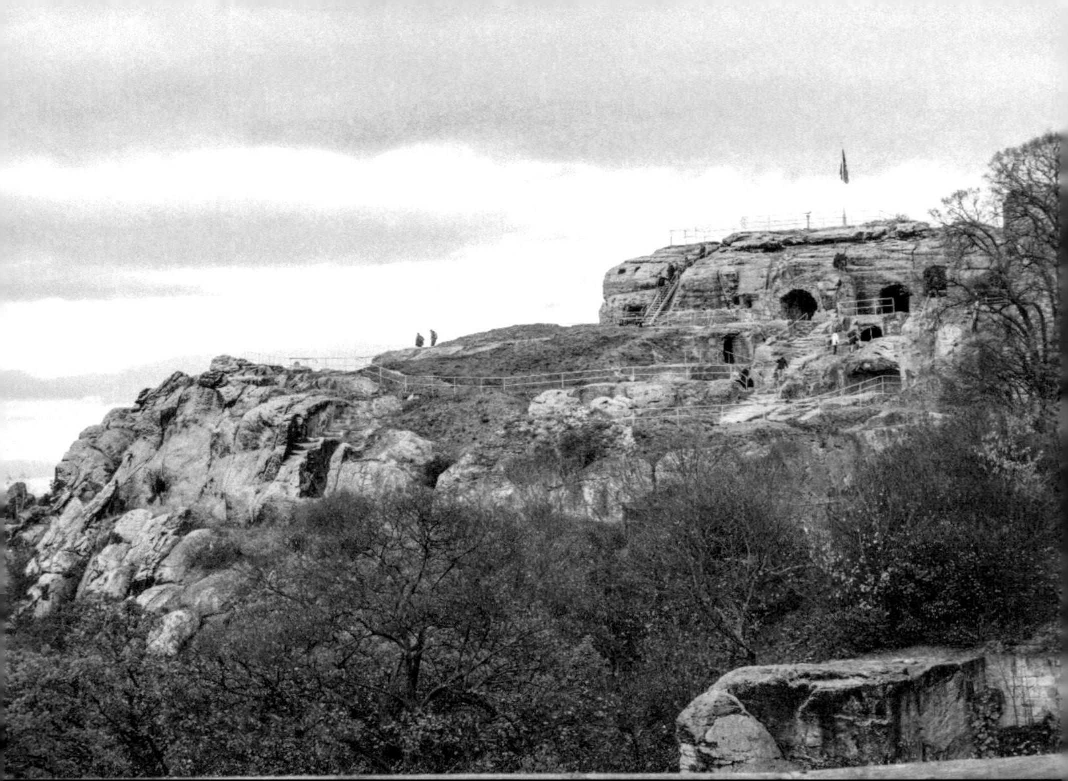

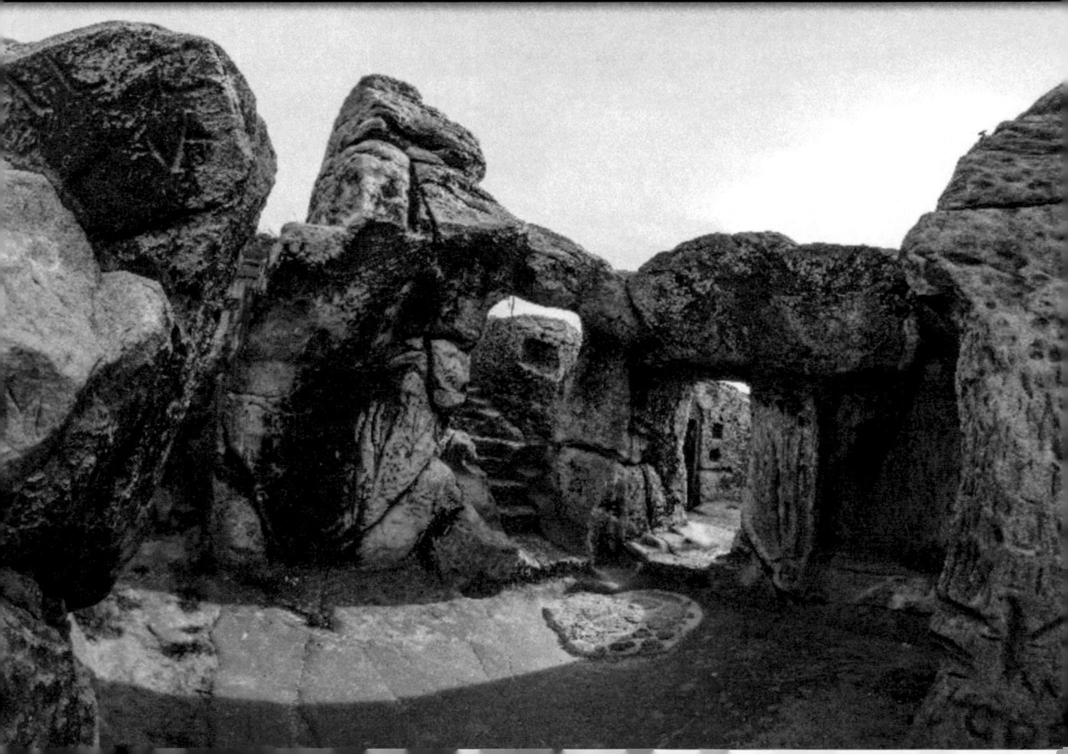

Die stumme Braut

In besonderen Vollmondnächten, wenn die Nebel sich verdichten, sieht man aus den dunklen Wäldern einen steilen Fels vorblitzen. Ist die Burg auch längst geschliffen, thronen oben hohe Türme, rundumgeben Mauerwehren, Wache haltende kühne Ritter, die sich nicht um Stürme scheren. Reibe ruhig dir deine Augen, was du schaust ist alles wahr, in den heiligen Vollmondstunden ist das alles wieder da. Hüte dich, zu nah zu kommen, bist du nämlich ausgespäht, ziehen von der Felsenfeste Nebelkrieger dir entgegen, suchen dich auf allen Wegen …, wenn dann früh's der Gockel kräht, der Wind um deinen Leichnam weht.

Immer wieder find' man solche, die die Nacht zu sich genommen, bis auf einen den ich kenne, der dem Spuk zum Glück entkommen. Er erzählte von der schönen, weißen Braut vom Regenstein, die im edlen Hochzeitskleide nach dem lieben Freier schaut. „Sie erblickte mich derweilen und es zog mich zu ihr hin. Zu der Schönen sie zu küssen, stand allein in meinem Sinn.

Oh, sie flog auf Nebelschleiern, mir in meine weiten Arme und sie wollte ohne Worte, dass ich mich für sie erbarme. Oh, ich spürt an ihrem Busen, meine Wünsche sich erfüllen, würde ich nur ihre Bitte, nach der Liebe Kuss nun stillen. Ja, ich wollte es versuchen, ritterlich lindern ihre Not, … ihr das Kleid vom Körper reißen, lüstern in die Schenkel spreizen, mich in ihrer Scham verbeißen, doch ihr Atem schmeckt nach Tod! Hustend kam ich da zu sinnen, in was war ich reingeraten? Eine blasse Leiche vor mir, haucht mich an mit Schwefelatem. Freund, du kennst mich eine Weile, nie bin ich so schnell gelaufen! Tags darauf an gleicher Stelle, sah ich einen Knochen-haufen. Doch ich fürcht' mich nun vorm Träumen, vor der nächsten Nebelnacht, denn sie ruft mit ihren Reizen, mich zu ihr zurück und lacht!"
(aufgeschrieben nach Blankenstein)

Der Wächterstein bei Blankenburg

Einst gab es einen Blankenburger Grafen, der sollte die Würde seines Vaters übernehmen. Für ihn war es aber vielmehr eine Bürde, das Hofgesinde anzuherrschen, den gräflichen Pflichten nachzukommen, sich als Burgherr aufzuspielen und sich als Edelmann zu geziemen. Er liebte den Wald und die Tiere und zog sich am liebsten in die Einsamkeit der steinernen Schluchten zurück. Diese Liebe zur Natur war aber nicht einseitig, denn auch die Natur liebte ihn und suchte ihn schützend zu umfangen. Wann immer er an seinem Lieblingsort westlich vom Regenstein saß, hatte er das Gefühl, für Menschen unsichtbar zu sein. Öfter war das Gesinde von seinem Vater losgeschickt worden, ihn zu suchen, kam auch an diesen Ort und ging rufend nur wenige Meter an ihm vorbei. Man konnte ihn einfach nicht entdecken, obschon mancher Knecht ihm unmittelbar in die Augen sah. Das lag an dem seltsamen Felsen. Er nannte ihn den „Wächterstein". – Bald hatte sich der Vater des jungen Grafen daran gewöhnt, dass sein Sohn ab und an für ein paar Tage oder gar Wochen einfach so von der Weltkugel verschwand.

Frohgemut saß er wieder im Felsen, als ein junges Mägdelein durch ebenjene Felsenschlucht hetzte, gefolgt von einer Räuberbande, die ihr Spiel mit der Jungfrau treiben wollte. Der Mann sah sie schon von Weitem, sah auch, dass der Abstand zu ihren Verfolgern immer geringer wurde, in wenigen Minuten hätte sie sich ihnen ergeben müssen. Das spürte auch das Mädchen, blieb einfach stehen, gab auf und begann ganz bitterlich zu weinen. Da kam eine unsichtbare Hand von links aus dem Berg und zog sie in den Felsen hinein. Sie wollte schon schreien, doch der Grafensohn legte ihr sanft die Finger auf den Mund: „Mädchen, ruhig Blut, hier bist du sicher, wirst schon sehen!" – Aneinander gedrückt, saßen sie in einer kleinen Höhle und sahen die Räuber kommen. - „Irgendwo muss das Weibsbild doch sein!", sagte einer mit einer großen Narbe im Gesicht. „Vielleicht ist ihr hübscher Arsch in eine Felsspalte geklettert und dort hängen geblieben – das wär' ein Fest!", lachte ein Zweiter. „Da oben ist eine Höhle!", erkannte ein Fetter, der auf seinem Pferd sitzen blieb, die Anderen alleine suchen ließ, somit unweigerlich deren Anführer sein musste. „Wenn das Ding da hochgeklettert ist und ich wegen ihr den Berg raufmuss, dann reiß ich ihr noch an Ort und Stelle das Kleid vom Leib, werd' sie mit meinem Johannes spalten, dann dürft ihr, dann meine Köter!"

„Hörst du Weib?", schrie der Aufgebrachte, „Komm lieber raus, sonst kommen wir zu dir, einer nach dem andern!" – Das Mädchen war schon drauf und dran, sich aus den Armen des Grafensohnes zu befreien, sich zu stellen, als der Blankenburger sie zurückzog. „Warte, dir wird nichts ge- schehen!" – Tatsächlich, wie die Räuber vor der Höhle standen, keinen Meter von den am Boden Kauernden entfernt, da spähten sie in eine winzige leere Felsspalte. „Hier ist nüscht, gar nüscht!", bläkten sie zum Fetten hinunter, der plötzlich kreidebleich nach oben sah. „Ddddada ...ddoddoch, doch da!", stotterte der Reiter, blickte zum Felsen hoch und zeigte auf ein steinernes Gesicht, das gerade seine Augen aufgeschlagen hatte und zornig auf die Räuber herunterblickte. Der Boden begann zu schwanken und die bösen Buben kippten rücklings vom Berg und kollerten schreiend zu ihrem Anführer. Der aber schrie wie von Sinnen:

„Der Berg, der Berg will mich fressen!" und spornte sein Pferd zur wilden Flucht. Wie sich die Räuber unten ansahen und zu verstehen suchten, was gerade geschehen war, schlugen ihnen schon die Wackersteine an ihre Holzköpfe. „Haut ab ihr Halunken!", schien der Felsen zu schreien, „Und lasst mir meinen Frieden!" Du hättest den Wächterstein in jenem Moment ansehen sollen: Er lächelte vergnügt, beim Anblick der weglaufenden, stolpernden und immer wieder niederschlagenden Räuber, und umfing dann wieder Augen schließend seine Gäste.

Wie der Grafensohn nun das Mädchen besah, ihr die Tränlein von den Wangen wischte, da fand er sie so schön, und sie, sie fühlte sich so geborgen in seinen Armen, dass sie noch eine Ewigkeit im Wächterfelsen saßen. Und Jahre später, als sie sich längst das „Ja-Wort" gegeben, da kamen sie mit ihren Kindern und Enkelkindern an diesen Ort, erzählten die Geschichte und ließen mit Erlaubnis des Wächtersteins Stufen von Norden in den Felsen meißeln, dass man nun aus jeder Himmelsrichtung rasche Zuflucht findet, wenn das eigene Herz sie nötig hat! *(dem Wind abgelauscht)*

Der Postraub am Regenstein

*V*or zweihundert Jahren war es manchmal das reinste Wagnis durch und über den Harz fahren. Niemand konnte sicher sein, ob er heil ankommen würde. Eine Postkutsche, deren Fahrt in Nordhausen begann und in Blankenburg hielt, hatte eine große Summe Geldes geladen und war nicht, wie üblich, durch bewaffnete Reiter begleitet worden. Nur der Postillion, der oben auf dem Vierspänner saß und der Schirrmeister darin, beide aber ohne jegliche Bewaffnung, sollten sicher-stellen, dass das Vermögen rechtzeitig und vollzählig Braunschweig erreiche. - In Blankenburg selbst stieg ein junger Landwirt zu, kurz vor der Stadt noch ein des Weges ziehender Schneider, womit man nun mit der Mitnahme zweier Fremden ein nicht geringes Risiko einging.

Der Schirrmeister beäugte beide skeptisch, konnte aber nichts Auffälliges an den Reisenden finden, bis plötzlich unterm Regenstein ein furchtbarer Lärm entstand. Aus den Gebüschen waren drei bewaffnete Räuber gesprungen, die den Kutscher zum Anhalten zwangen. Der aber dachte gar nicht dran und ließ seine Pferde in vollem Galopp draufzuhalten. Ein Warnschuss bewog ihn aber doch, einzulenken und die Kutsche in einen Seitenarm der Poststrecke poltern zu lasssen. Das aber wollten die Räuber gerade, lag dieser Weg doch abseits und war von einem umgehauenen Baum versperrt, worauf der Postillion seine Klepper gerade noch mit einem lauten „Brrrr" dazu anhalten konnte, sich nicht alle Hufe zu brechen. Die Räuber waren aufgesprungen, riefen „Hände hoch, wenn ihr am Leben hängt!" und suchten die Kutsche zu übernehmen. Der Postillion fügte sich auch und riet, die Pferde umzuspannen, um besser rangieren zu können, was die leichtgläubigen Räuber erlaubten.

Kaum war das erste Pferd ausgespannt, schwang sich der Kutscher darauf und hetzte los, um aus Blankenburg Hilfe zu holen. Pistolenschüsse hagelten links und rechts neben dem Fliehenden ins Gehölz. Wie durch ein Wunder traf keine der Kugeln. „Mist!", schrien die Räuber, „Dann rasch Beute gegriffen!" Den Schirrmeister, der abstritt Geld bei sich zu haben, marterte man so lange mit dem Dolch, dass er endlich doch den Schatz rausrückte: Über 1600 Taler waren in der Postlade, zur Freude der Räuber, die ihrem Siegeswillen Ausdruck verliehen, indem sie dem Schirrmeister in den Wanst stachen und ihn verblutend liegen ließen. – Als der Postillion mit einer ganzen Rotte Bewaffneter, bestehend aus Polizisten, Gerichtsbeamten und einem Arzt zurück zur Kutsche kam, waren die Räuber und der Schneider längst verschwunden. Der Landwirt hatte den Schirrmeister versorgt und damit mit Mühe am Leben erhalten. Wie man den Vorfall untersuchte, fand man heraus, dass auch der Schneider ein redlicher Mann mit reinem Gewissen war. Die Räuber aber überfielen in Erfurt eine weitere Postfahrt. Nicht das überführte sie, sondern die Auffälligkeit, dass sie das Geld etwas zu flüssig in der Tasche sitzen hatten. Früher fiel es immer auf, wenn ein Armer, rasch zu Geld gekommen war! *(aufgeschrieben nach Sternal)*

Sagen von der Teufelsmauer

Vom Großmutter- & Großvaterfelsen

Vor langer Zeit lebte am Harzrand – dort wo jetzt das Städtlein Blankenburg liegt – eine Hünin, Blanka mit Namen. Die war so schön, dass alle Riesen selbst von weither kamen, um sie zum Weibe zu gewinnen. So leicht konnte man ihr Herz aber nicht bezwingen, denn überall war bekannt, dass nur derjenige Blanka freien dürfe, der sie auch im Kampf zu Boden bringe. Viele versuchten es, rangen mit ihr, hieben mit dem Schwert auf die Angebetete ein, doch niemand vermochte es, sich gegen die Schöne zu erwehren.

Und wer es versuchte, müsst ihr wissen, riskierte alles, denn wer gegen die Hünin kämpfte und verlor, war des Todes. Und jedem Hünen und Ritter der gefallen, setzte man einen Stein, einen Hügel, einen Felsen, je nachdem, wie groß er war und wie wacker er sich geschlagen hatte. Und bedenkt: Der Wald ist voll von solchen Anhöhen. Irgendwann gab es Niemanden mehr in den Weiten der Harzer Berge, der mannsgenug wäre, sich der starken Hünin zu stellen. Vergeblich wartete Blanka auf den Einen, der sie durch einen einzigen Blick hätte bezwingen können. Und als sie die Hoffnung fast aufgegeben hatte, da kam doch einer, der wollte es versuchen.

„Wähle die Waffe!", sagte sie knapp, ohne ins Antlitz des neuen Anwärters zu schauen. „So nehme ich meine Zunge und wage dich zu küssen!", antwortete er keck. Das stieß bei der Liebreizenden nicht auf Wohlgefallen, denn ohne sich nach ihm umzusehen, spannte Blanka den Bogen, schoss einen schwarzen Pfeil auf den Dreisten ab, ließ schon einen zweiten Pfeil schwirren … und bevor der erste sein Ziel erreichte zischte ein Dritter Richtung Ziel. Alle drei Pfeile wehrte der Hüne mit seinem Handrücken ab, als gelte es, lästige Fliegen zu verscheuchen. „Schön bist du, beim Mond und allen Sternen, aber schrecklich aufbrausend!", lachte er. Da zieht sie ihr Schwert aus der Scheide, wirbelt herum, drei Schritte und ein Sprung und sticht auf ihn ein. Ein winziges Messer zieht er, streicht den entsetzlichen Hieb leicht zu Boden, reißt ihr das Eisen aus der Hand, nutzt ihren Schwung und zieht sie an seine Brust. Dann gibt er ihr einen Kuss auf die vollen Lippen und lacht, als wär's bloß ein Spiel.

Sie reißt sich aus der Umklammerung, zieht zwei Messer aus dem Gürtelbund, stürmt wie eine rohe Naturgewalt auf ihn ein. Und wie der Wind schnellt er herum, hat sie fest in seinem Griff und küsst ihren Hals. „Du riechst wie der Frühling, nach einem langen kargen Winter.", schwärmt er, was sie wild und wilder werden lässt. – Der Streit währt den ganzen lichten Tag und kaum flieht die Sonne von der Erde, ist's ihr süßes Lächeln, das ihn blendet. Verdutzt sieht er zuletzt, wie ihr die Waffen aus den Händen gleiten, dann reißt sie ihn an sich und gibt sich unendlich sanft geschlagen.

Die ganze Nacht feiern sie den Frieden nackter Leiber und schwören sich am anderen Morgen, nimmer auseinander und von hier fortzugehen! Und dabei blieb es: Er liebte sie, wie nur der Wind die Erde zu vergöttern versteht, wenn sein Kuss ein reifes Weizenfeld in Wellen taucht. Und sie? Sie gab sich diesen Wogen hin. – Als sich ihre Seelen ins Unendliche aufschwangen, kamen viele Menschen und setzten ihnen gigantische Andenken: Stein um Stein türmten sie auf die Leichname der beiden Hünen. Bis zum heutigen Tag überragen große Felsen das weite, tiefe Land und erinnern die Menschen daran, wie allgewaltig und ewig ihre Liebe war. Die Klippen werden seitdem Großmutter- und Großvaterfelsen genannt!

Blankenburger sind alle miteinander verwandt

S eit Jahrhunderten pilgerten alle Blankenburger am Morgen des ersten Pfingsttages zum Großvaterfelsen, um gemeinsam das Morgenlicht zu begrüßen. Vielleicht wurde auf dem altheiligen Felsen sogar eine Art Queste (wie in Questenberg, in dem man das Pfingstfest bis heute ähnlich begeht) errichtet. Ein Loch im Felsen wie beim Rosstrapp, in dem ein hölzerner Stamm festgepflockt werden konnte, existiert am Großvaterfelsen noch heute.

Irgendwann aber verlegte man die Feierlichkeiten auf den Ziegenkopf. Die einen sagen, die Heiden mit ihren Götzengedenken wären von den Christen in die tiefen Wälder vertrieben worden. Andere glauben profan, man wollte am Ziegenkopf des schöneren Rundblicks wegen feiern. Um den Winter zu vertreiben und die Sonne zu willkommen zu heißen, sang man: *„Wir tragen den alten Thor hinaus, hinters alte Hirtenhaus, wir haben nun den Sommer gewonnen und Krodos Macht ist weggenommen!"* - Die Entstehung des Namens „Krodo" ist dabei auf eine Lautverschiebung zurückzuführen: Unsere Ahnen meinten den „großen Wode", den germanischen Gottvater Wotan, also den Großen Vater. Hieraus hat sich die scherzhafte Frage der Blankenburger abgeleitet: „Warum sind alle Blankenburger miteinander verwandt?" – „Sie haben denselben Großvater!" *(aufgeschrieben nach Sander)*

Der Drachenrücken

Zauberkundige und Hellsichtige berichteten zuhauf, dass vor tausend und abertausend Jahren fromme Männer mit der heiligen Lanze in unser ungeweihtes Land kamen, in dem die Heiden noch ihre alten Götzen anbeteten. Diese Krieger des Lichts zielten nur auf eines ab, den letzten Drachen zu jagen und ihn zu töten.

Freilich mussten die Christen handeln: Noch jede Rodung, die sie mühsam dem Harzer Urwalde abgerungen hatten, um darauf ein steinernes Gotteshaus zu errichten, ward von der Feuerschlange mit einem einzigen heißen Atemzug in lodernde Flammen getaucht. - Mit frommen Gebeten und Gesängen also, lockte man das Untier endlich an, um dann auf tausend Glocken und Schellen solch schallenden Lärm zu verbreiten, dass sich der Drache tief in die Erde verkroch.

Dort wollte er die Zeiten des Lärms überdauern. Kaum war er aber verschwunden, bauten die Christen rings um den Berg, in dem das Scheusal hockte, hunderte von Klöstern und Kirchen. Stündlich erinnern sie den Drachen im Felsen mit dem frohen Siegesläuten der Glocken daran, dass seine Zeit – die der stillen Silberschlange – nicht kommen wird. Noch heute sitzt der Drachen im Berge bei Blankenburg. Die Teufelsmauer, sie soll der gewaltige Drachenrücken sein. Wo aber der Kopf des Drachens ist, fragt Ihr? Dort, wo man es wild in der Tiefe knurren hört, wenn Ihr auf den Boden stampft und Schellen schlagt, meine ich – probiert es aus! Eine Weissagung aber erzählt von einem Tag, da die Kirchen zunehmend weniger besucht und schließlich wüst werden; sich die Menschen wieder an die stille Kraft der Runen erinnern und in Gebeten den Namen des Drachen rufen. Zu dieser Stunde wird sich der Drache aufmachen, den tiefdunklen Berg zu verlassen und sich dem Licht zuzuwenden.

Die Teufelsmauer

*V*or tausend und abertausend Jahren wettete der Teufel mit dem lieben Gott: „Alles Land, das ich in einer Nacht vorm ersten Hahnenschrei mit einer Mauer umbaue, soll mir gehören. Und mit dem Land all seine leckeren Seel'chen.", sprach Urian listig und rieb sich seine Hände. Gott lächelte weise und ob Ihr's glaubt oder nicht, er ließ sich auf die Wette ein. - Dreimal fuhr der Teufel mit seinem Dreizack auf die Erde, die daraufhin tosend zu beben begann. Aus allen Himmelsrichtungen strömten plötzlich böse Geister, Trolle und Riesen heran und halfen beim Bau der Mauer. Rasant wuchs sie in die Höhe und fast sah es so aus, dass das Böse über den Himmel triumphieren würde. – Da kam ein altes Mägdelein die alte Harzstraße entlanggelaufen, um am andern Morgen auf dem Markt zu Blankenburg ihre letzte Habe, einen Hahn zu verkaufen. Der Gockel war in einer Kiepe verstaut, die sie auf ihrem Rücken trug.

Schwer beladen passierte sie nun die Stelle, an der der Teufel seine Mauer gerade fertig zu stellen versuchte. - Wie erschrak sie beim Anblick des Höllenfürsten im Mondlicht. Eisern verkniff sie sich jeden Laut und dennoch hielt der Teufel beim Mauerbau plötzlich inne. Was war das für ein liebliches Lüftchen, das zu ihm durch die Nachtluft wehte? Roch er da etwa eine reine Seele? Und obschon nur noch ein großer Stein fehlte, um das Bollwerk zu vollenden, konnte er sich nicht darauf konzentrieren. Der Geruch lenkte ihn ab, verzückte ihn ach zu sehr.

Der Alten aber stanks zum Himmel, wie faule Eier und Schwefel. Langsam schlich sie zurück, doch da stolperte sie, fiel lautschreiend aufs Hinterteil, die Kiepe brach entzwei und der Hahn kollerte Federn lassend heraus.

Gerade, als der Teufel lüstern in sie hineinfahren wollte, schüttelte sich das Federvieh, plusterte sich auf und krakelte empört sein „KIKERIKI – Fru'-wat-tust-du-mit-mi" in die Nacht. - Der Teufel erstarrte im Schreck und, weil er die Wette verloren hatte, nahm er den letzten großen Felsbrocken und schmiss ihn wild grollend in seine eigene Mauer. Tausend Trümmern flogen durch die Luft, doch der Morgen graute nicht. Jetzt erst bemerkte der Teufel, dass ein winziger Gockel den Allmächtigen zum Narren gehalten hatte. Zornig warf er einen Blitz auf den Gockel, bevor er im Nirgendwo verschwand. – Was aus der Bäuerin wurde, fragt Ihr euch? Sie lebte glücklich und reich bis an ihr Lebensende, denn in dieser Nacht ward das Brathähnchen erfunden, als Broiler ein Verkaufsschlager auf allen Märkten des frühen Mittelalters. Und die Reste der gewaltigen Mauer? Die stehen zum Glück noch heute! *(aufgeschrieben nach Blankenstein)*

Die Egbert-Sage

E r hatte sein Schwert von den Göttern erhalten, anders konnte man sich's nicht erklären, weshalb der der Edelmann Egbert jeden Kampf damit für sich entschied. „Freilich ist's Thor geweiht, am Altar des Krodo bei Blanka!", sagte er und erinnert sich mit einem verschmitzten Lächeln an das schönste Mädchen des Fleckens am Harzrand, in das er sich beim letzten Opfergang verliebt hatte. Jeden Tag ritt er von seiner Burg herab – die Klus, nahe dem späteren Bischofssitz Halberstadt – sich heimlich mit seiner Blanka unter einer großen Linde zu treffen. Erst mit ihr spürte er wahrhaftig, wie sich die Götter in seinem Herzen regten und – wenn er sie berührte, die Schöne, und sie seine Küsse erwiderte – hörte sie gar zu sich sprechen! Da legte er sein Schwert in ihren Schoß und schwor ihr die ewige Treue. Auch sie schwor ihm ihr Leben an, doch gibt es keinen Schwur auf die Götter, den der Teufel nicht prüft.

Recht bald kamen nämlich christliche Jünger an die Klus, predigten den neuen Glauben, der sich in Egberts Herz sofort verwurzelte. Auch Blanka ließ sich bekehren, als sie spürte, wie ihr Liebster dafür brannte. Ihr Vater, der den alten Göttern noch huldigte, raste vor Zorn. Er untersagte die Liebe und beschloss, dem Freier aufzulauern, ihn am Altar des Krodo zu opfern. Der Überfall auf den Liebenden schlug jedoch fehl, denn wie die Brut des Bösen zum vereinbarten Schäferstündchen an der Linde lauerte, da stürmte ein solcher Wind auf Egbert ein, dass der zum Umkehren gezwungen war. In dem Sausen und Brausen aber hörte er die Stimmen der Männer die dort seiner harten und verstand es als göttliche Warnung. Gleich sammelte er Reisige und Verbündete um sich, die Liebste notfalls mit Gewalt für sich zu erobern, doch auch Blankas Vater hatte sich einen Kampfgenossen erwählt: Den Beelzebub höchstselbst, der mit seinem Zauber in einer einzigen Nacht eine himmelhohe Mauer aus Steinen auftürmte. Ein Bollwerk, geschaffen, die christlichen Krieger von den Opfer-altären des Krodos fernzuhalten.

Am nächsten Morgen stand Egbert mit den Seinen sprachlos vor Erstaunen und Entsetzen am Fuße einer Mauer die scheinbar bis in den Himmel reichte und deren Ende irgendwo oben im Wolkenmeer verschwand. Nach kurzem Schreck, besann er sich auf Gott, stieg vom Pferd, rief „Für Gott!" und erkletterte die Felsen. Mit Kampfgeschrei zog ihm alles nach. Im gleichen Moment von oben aber drangen Stimmen aus dem Nebel: „Thor, hilf uns! Zerschmettere den Feind!", worauf ein Tosen begann und der ganze Berg erzitterte. Hunderte von Steinbrocken kollerten den Christen entgegen, zerschmetterten einen Leib zu Egberts Linken, dann zu seiner Rechten und immer so weiter. Beinahe hätte es auch ihn erwischt, doch er war in letzter Sekunde in eine Mulde gesprungen und hielt sich bedeckt. Endlich war das Gepolter zu Ende. Egbert guckte auf und stellte erschrocken fest, dass all seine Mannen, ein jeder Freund, zermalmt unter schweren Steinen lag.

„Gott hilf!", sprach er, doch war's nicht der, der seinen Ruf erhörte. Der Beelzebub erschien, trug ihn oben auf die Mauer und sprach: „Nimmst du nur deinen alten Glauben an, brichst mit dem Schwert des Kreuzes Bann, dann führe ich das Weib zu dir, unterschreib mit deinem Blut gleich hier!" Da rang er mit sich, doch aus Angst, seine Blanka niemals wieder zu sehen unterschrieb er, zur Finte jedoch mit falschem Namen. Ohne nachzusehen, rollte der Teufel das Pergament zusammen und sauste wie der Wind davon. Kaum war ein Atemzug vergangen, flog der Gehörnte wieder heran und legte Egbert den versprochenen Schatz in die Arme. Doch was war das? Blankas Antlitz war verblasst und Egbert hielt bloß eine leblose Hülle in zittrigen Händen. Alle Tränen perlten von ihr ab und kein Flehen half, Gottes Odem in sie zurückströmen zu lassen. „Was ist mein Leben ohne sie!", jammerte er, worauf der Teufel Egbert einen Tritt versetzte, so dass der rücklings von der Felszinne viel. „Nichts!", schrie Urian ihm nach und sah lachend, wie der Nebel Egbert verschluckte. *(aufgeschrieben nach Baczko)*

Der Fuchsfelsen

*M*agisch zog er ihn an, der steile Felsen unter der Hohen Sonne. Mit seinen Schülern war er vor einigen Tagen hier gewesen, der Lehrer Fuchs aus Timmenrode. Sie hatten ihn genarrt, diese Lausbuben. Er müsse eben härter durchgreifen, spottete sein Vater, von dem er oft genug, als der Lehrer selbst ein kleiner Junge war, eins mit dem Rohrstock hinten draufbekam. Ihm selbst hätte es nie geschadet, feixte der Vater und spuckte beim Lachen Gift und Galle. „Was bist du für'n Jammerkerl, ohne Eisen im Blut, eine Weichwurst, die sich selbst vom eigenen Weib unterbuttern lässt!", schalt der Vater seinem erwachsenen Sohn mit Worten. Dann erinnerte er ihn stets an den Blankenburger Brauch: „Ein Weib, das ihren Mann rauft, soll einem Amtsdiener zur Strafe einen wollenden Anzug stricken, Geld zahlen oder im Arrest sitzen. Ein Mann, der so weiblich ist, sich schlagen zu lassen, soll selbst zwei Gewänder stricken, einsitzen und heulen. Darüber hinaus soll ihm aber das Dach vom Haus gerissen werden!"

Der Lehrer Fuchs ertrug diesen Spott wie immer still. Auch dann, wenn ihm die Lausbuben, kam er mit einer dicken Wange in die Schule, die Ziegel vom Dach klauten, sagte er nichts. Er wollte nicht herrisch sein, versuchte die Kleinen doch durch Menschlichkeit zum Lernen und zum Bibellesen zu bringen, was jedoch selten und dann auch nur leidlich gelang. Außen gab er sich hoffend, doch innerlich rieb es ihn auf. Er stritt mit dem Teufel, in jeder Nacht und immer, wenn er an dem steilen Felsen vorüberkam. „Oh, der Teufel ist ein Fuchs", grimmte der Lehrer, „viel mehr als ich einer bin!" – Was war das? Es schwindelte ihm. Eben war er noch unten auf dem Wege gedankenverloren dahingegangen und nun stand er oben auf dem Felsen. Mit wackligen Beinen und weichen Knien sah er hinunter. „Spring, spring!", hörte er den Teufel ihm ins Ohr flüstern, „Oder bist du nicht Mannsgenug, Weichwurst, ... lässt sich von Kindern ärgern, ... von einer Weibsperson schelten, ... hihi ... er traut sich nicht!" Wenig später sah man den Lehrer am Grunde der Klippe liegen, die wegen seinem Selbstmord heute „Fuchs-felsen" heißt. Der Geist des Lehrers soll noch immer umherirren, war nie in heiliger Erde bestattet worden, ist doch ein Selbstmord Frevel an Gott.

Nur der Herr im Himmel darf über Leben und Tod entscheiden: „Du sollst nicht töten!", heißt es doch. Sich selbst zu richten ist eine vom Teufel ins Herz gepflanzte Sünde. Schwache Geister, sagt man, die müssten an Ort und Stelle Vorsicht walten lassen, denn der Fuchs flüstert ihnen wirre Gedanken ein. Schon Mancher stand urplötzlich oben auf dem Felsen und hörte die Winde „Traust du dich nicht?" lachen! *(aufgeschrieben nach Sander)*

Die Teufelssessel

*a*ls einst der Teufel die Mauer errichtete, da musste er sich nachts oft ausruhen und bedenken, wie sein Werk aufzutürmen wäre, dass es auch in tausenden Jahren noch Bestand hätte. Und überall, wo er sich niederließ, schmolz der Stein unter seinem Leibe. So entstanden die Teufelssessel entlang der ganzen Mauer. Wenn man selbst darauf ruhen würde, sagt man, erlaube die stille Weitsicht tollkühne Pläne zu fassen und umzusetzen. *(dem Volke abgelauscht)*

Der Kuhstall an den „Drei Zinnen"

Der Hirte Ulrich weidete einst seine Kuh- und Bullenherde auf der von Sonne gefluteten Erde. Am Helsunger-Bruch klebte solch eine Hitze, dass der See, der sich jedes Frühjahr vom Schmelzwasser bildete, nun im Modergeruch trocken lag. Ulrich sah besorgt gen Himmel und schickte seine Hunde zum Zusammentreiben der Tiere. Vom Westen nämlich drückten sich schwarze, schwere Wolken an Donars Klippen und mit Sommergewittern an Tagen wie diesem war beim Allvater nicht zu spaßen. Die gewaltige Felsmauer molk bereits die ersten Blitze und es grummelte gewaltig, so dass ohne Frage ein großes Unheil drohte. „Ach Herr, bis Timrode, schaff ich's nie, drum sage: Wie kann ich nur die Herde und mich retten? Gleich ist's mir wie, ich leg mich auch in Ketten! Herr hilf mir aus der Not.", bat Ullrich verzweifelt zum Himmel. Die Antwort aber bekam er nicht von oben, sondern von einem kleinen Männlein zu seinen Füßen: „Hirt, brauchst du Beistand zu jedem Preis? Nun, ich weiß eine Höhle an den drei Zinnen. Vorm Sturm willst du rauf, dann lass uns rennen. Hirt, für den Rat will ich nicht viel, es ist wie ein Spiel bei dem beide gewinnen!" Was blieb Ulrich anderes übrig, angsterfüllt doch hoffend trieb er seine Herde ins enge Tal die Klippen hinauf und dem Sturm entgegen.

Immer steiler wurde der Pfad, eingeengt zu beiden Seiten durch mächtige Sandsteinklippen. Die Tiere drängten sich dicht aneinander und Angst stand in ihren Augen. Wohin würde sie dieser Wicht der zügig vornweg schritt nur führen, fragte sich Ulrich, nicht weniger argwöhnisch. – Oben angekommen blies eine gewaltige Böe den Tieren Sand in die Augen, aber tatsächlich: Gleich links neben dem Aufstieg erkannte Ulrich eine große Höhle. Es würde zwar eng werden, aber zusammengepfercht zu sein wäre allemal besser als keinen sicheren Unterschlupf während des bereits auf sie einstürmenden Unwetters zu haben. Schnell trieb er die Tiere hinein und wollte sich gerade beim Männlein bedanken, als sich die Höhle mit mächtigem Krawall von außen verschloss.

Ein mächtiger Sandstein schob sich vor den Eingang und schluckte alles Licht und draußen, draußen gackerte, ja frohlockte dieser kleine Wicht. Das letzte was Ulrich sah war, wie das Männlein seine Gestalt wandelte. Der wurde größer und dunkler, seine Augen zorniger. Der Hirte sah noch kurz in ein wild zerfurchtes Gesicht und erschrocken stellte er fest, dass diesem Ding Hörner auf dem Kopf wuchsen. Nun stand fest: Er war dem Teufel auf den Leim gegangen. - Eine Sterbensangst umkrallte Ulrichs Herz und lähmte seine Glieder. Die Bullen aber wurden im Gegensatz zu ihm wild und wilder. Sie begannen mit ihren breiten, harten Schädeln gegen die Felswand zu donnern, so laut, dass draußen dem Gehörnten das Lachen verging. Immer wieder rannten sie auf den Felsen ein, Stunde über Stunde und irgendwann gab die Mauer nach. Ein schmaler Riss bildete sich an der Nord-seite der Höhle und ein einziger weiterer Stoß genügte und ein riesiges Fenster gab den Blick auf die drei Zinnen frei. Das Gewitter hatte sich verzogen und die Sonne hatte sich blutrot zum Untergehen bereitet. - Mit letzter Kraft kletterte der Hirte ins Freie, floh gen Timmenrode und holte alles Volk zusammen, um den Teufel dem Kampf anzusagen. Das Kreuz, das man Urian entgegentrug, vertrieb ihn für immer aus der Gegend!

Des Teufels Badewanne

*a*n einem heißen Sommertag war Urian langweilig und beschloss, den Köhler an den drei Zinnen zu foppen. Er bat den schwarzen Mann, ihm zu zeigen, wie man Holzkohle bereitet. Der Teufel stand hinter dem Köhler, schlich heran und wollte den Mann gerade ins Feuer stoßen, als der sich umwand und der Teufel nun selbst in den Meiler purzelte. Ascheschwarz saß er nun darin und ward so wütend über seine Dummheit und Unbeholfenheit, dass er wie wild mit seinen Fäusten auf den Sandstein hämmerte. Er schlug solange auf den Felsen ein, dass ein riesiges Loch entstand und, weil des Teufels Hörner vor Wut klirrten und das Blitz und Donner anlockt, stürmte und ergoss es sich, aus abertausend Wolken. Schnell füllte sich das Becken, während Wut und Wildheit des Teufels es erhitzten. Als das Wasser heißer wurde, gar zu blubbern begann, verlor Urian allen Zorn. Er wurde friedvoller und in diesem einen Moment, hat man ihn sogar lächeln sehen! – Des Teufels-Badewanne liegt oberhalb des Kuhstalls, doch seitdem der Gehörnte verschwand, stand nie wieder Wasser drin!

Der Leichenweg

*V*or vielen hundert Jahren lebte im Blankenburger Schloss ein Graf, dem ging die Sonne mehrfach täglich auf. Einmal, wenn die Sonne wirklich erwachte und dann, wenn sein sternschönes Töchterlein den Saal betrat. Viele Edelherren und Ritter warben um die Gunst der Schönen, wies aber einem nach dem andern ab, bis der Ritter Reinhold um ihre Hand anhielt und diese so zart in die Seine nahm, so lieblich küsste, ihr so tiefliebend in die Augen sah, dass sie meinte, sie müsste alsgleich vor Wonne zerspringen. Diesem Einen und nur ihm, wollte sie sich hingeben, worauf die Hochzeit beschlossen ward. Oh, ließ das den Neiddrachen in den Männern wachwerden, denn Reinhold war weder besonders reich, noch mächtig, nicht der Heldenhafteste, Stärkste, Schönste ..., was fand sie nur an dem?

Wie Reinhold vom Werben nach Hause ritt, ward er in der Nähe des Klosters Michaelstein jäh von der Seite angerufen. „Reinhold, mein Bruder, seid ihr's? Kommt gerade her vom Liebestanz? Lasst uns gemeinsam reiten und erzählt, was Männerohren zu hören gelüstet!" – „Ah ihr seid's Freund!", lachte Reinhold, ritt frohgemut auf Dietrich dem Eisenarm zu, der plötzlich einmal pfiff, worauf eine handvoll Schergen aus dem Unterholz sprang, die beiden Knechte Reinholds von ihren Pferden rissen, auch Reinholds Ross eine Lanze in die Hüfte stach, worauf der edle Klepper zur Seite brach und Reinhold am Boden festklemmte. „Freund ..., was?", hustete Reinhold unter der Last seines Pferdes. Der vermeintliche Freund aber ritt heran, sprang ab, zog sein Schwert aus der Scheide und stach es dem Wehrlosen ohne weitere Worte ins Herz. Das blutende Schwert wischte Dietrich am Leichnam sauber, sagte den Seinen: „Verscharrt sie gleich hier!" und bestieg se nen Gaul. Als wäre nichts geschehen beschloss er, am anderen Morgen selbst um die Versprochene des Freundes zu werben.

Wie die Schöne aber vom Verschwinden des Liebsten hörte, da fiel sie in solche Trauer, dass es ihr der Himmel gleicht tat und sieben Tage regnete, worauf alle Flüsse im Harz aus ihren Betten schwappten und weite Flure überschwemmten. Sie hatte in der Mordstunde den Stich im Herzen gespürt wenn auch die Leiche Reinholds nicht gefunden ward, so wusste sie doch um seinen letzten Gang. – Der Mörder warb umsonst um die reine Seele, bekam keinen Blick von ihr geschenkt, so dass er sich endlich, machtlos in seiner eifernden Gier, dem Abt vom Michaelstein anvertraute und ihm in heimlicher Beichte alles gestand. Dietrich dem Eisenarm ward auferlegt worden, einiges an Golde zu stiften und am Kreuzzug teilzunehmen. Noch zur selben Nachtstunde, machte er sich auf den Weg. Zur gleichen Zeit weckte der Abt vom Michaelstein die Brüder, um den Ermordeten noch vorm Morgengrauen auszubuddeln und ihn heimlich in der Vogtei Helsungen in geweihter Erde begraben zu lassen. Die Schöne erstarrte, als sie den nächtlichen Leichenzug der Mönche von dem Fenster des Schlosses aus gewahrte. Eine traurige Gewissheit überschwemmte ihr Herz.

*V*iele Jahre waren vergangen, Dietrich der Eisenarm war als Kreuzritter ruhmreich aus dem Heiligen Land zurückgekehrt und beschloss erneut, um die Gunst der Schönen zu werben. Die Trauer um Reinhold hatte sie noch liebreizender werden und vollkommen erblühen lassen. „Was soll der Gram und die ewige Trauer?", hatte ihr Vater gesagt und auch die Kammerfrauen sprachen ihr zu, sich endlich wieder dem Leben zuzuwenden, worauf sie dem Mörder ihres Liebsten die Tür öffnete, in der Hoffnung, ihr Herz würde es der hölzernen Pforte gleichtun und wieder Licht in ihr Leben lassen. – Oh, da jubelte der Kreuzritter innerlich, soff den Abend durch, um in der Frühe die Holde heimzusuchen, sich mit seinem Vermählungsgeschenk in die Stube und zwischen die Schenkel der Schönen zu stehlen. Wie er aber jene Stelle passierte, an dem er vor genau sieben Jahren seinen Freund Reinhold erlegte, stand vor ihm plötzlich ein geharnischter Ritter hoch zu Rosse. Der sprengte ohne Vorwarnung auf ihn zu und bevor der Angetrunkene sein Schwert ziehen konnte, bohrte sich die Lanze des Geisterreiters bereits durch seinen Leib. In seinen letzten Atemzügen erkannte der Mörder, wer ihn gerichtet: „Reinhold, ihr seid's? Wie ist das mögl…?" und bevor er den Satz beendete, war Dietrichs Seele zum Teufel gegangen.

Die Schöne aber erwachte jäh aus ihrem Traum, so als wäre ein viel zu enges Korsett, von dem sie jahrelang eingeschnürt war, mit einem Mal zersprungen. Neben ihr am Bette saß Reinhold, nahm ihren Kopf zärtlich in seine Hände, küsste sie auf die Stirn, flüsterte ihr sanfte Wogen und wärmende Worte ins Herz und Tränen der Liebe und Erleichterung, die aus ihren Augen brachen, verwischten die Konturen des Geistes. Nebel-werdend sagte er „Lebewohl" und die Schöne, sie konnte ihn endlich verwehend gehen lassen. Sie wusste, sie würde ihm nachfolgen, wäre ihre Zeit gekommen, denn Reinhold, ihr Liebster, würde die Ewigkeit überdauernd auf sie warten. Am nächsten Morgen wurden die Gebeine von Ritter Reinhold umgebettet – er fand die ewige Ruhe im Gottesacker vom Kloster Michaelstein. *(aufgeschrieben nach Förstner)*

*D*ie Leiche von Dietrich, dem Eisenarm aber, die trug ein Geisterzug fort nach Helsungen, in ungeweihter Erde liegt der Mörder und geht als Unruhegeist noch immer um. Aller sieben Jahre zum Mordtag, hört man am Michaelstein Waffenklirr und Kampfgeschrei. Ist Ruhe eingekehrt, steigt am Mönchsmühlenteich ein dichter Nebel auf und in diesem Nebel sieht man einen Leichenzug von zwölf Mönchen nach Helsungen ziehen. Wanderer, die diesem Leichenzug begegnen, sind gut beraten, ihm aus dem Weg zu gehen.

Das Auferstehen der Toten in Helsungen

*D*ie Alten erklären sich das Auferstehen der Toten, die in Helsungen begraben liegen damit, dass dieser Flecken am Fuße der Teufelsmauer seit jeher ein Zugang zum Reich der Frau Holle ist. Die Holle, von dem die Christen den Begriff Hölle ableiteten, nimmt die Toten zu sich und wählt von ihnen den Rauesten zu ihrem Liebsten. Der muss als Gevatter Tod dann umgehen, ruhelos Gutes tun, bis seine Schuld beglichen ist.

$\mathcal{E}$inmal kam der Gevatter Tod zu einem alten Köhler, dessen karge Hütte in der Nähe des Leichenwegs stand. Ohne zu klopfen polterte der Tod herein, wobei die Tür aus den Angeln sprang. Der Köhler der am Tische saß und eben sein dürftiges Nachtmahl zu sich neben wollte, sah missmutig auf. Die große Geistergestalt trat auf ihn zu, griff nach seinem Bier, leerte es mit einem Zuge, warf den Becher zu Boden, der in hundert Stück ging, nahm die Sense vom Rücken und schwang sie einmal über dem Tisch. Der Köhler konnte sich eben noch bücken, doch sein Haar ward ganz kurzgemäht von der großen Sichel des Todes. Da stand nun der Alte mit einem Glatzkopf vorm Sensemann und fluchte: „Mir die verdiente Ruhe stören, die Tür kaputtlatschen, mein Bier aussaufen und mir eine Glatze schären??? Das macht man nicht mit einem Harzer Köhler – scherr dich raus, wer auch immer du bist!" Da musste der Tod das Haus verlassen und seiner Frau Holle beichten, wie er den fälligen Alten, doch nicht in den Sack und unter die Erde bekam. So lange durfte der Gevatter nicht das Lager seiner Geliebten teilen, bis er nicht andere, fruchtbarere Wege gefunden hätte, die Alten zu ihr zu rufen. *(dem Volke abgelauscht)*

Der Schäfer und der Leichenzug

Einst schlug ein Schäfer unterm Regenstein sein Lager auf, als mitten in der Nacht seine Hunde wild zu knurren und bellen begannen. Der Schäfer schreckte hoch, sah seine Tiere, wie sie in die Dunkelheit starrten und ihre Zähne fletschten. Aus der Ferne war ein Getrappel zu hören, ein Ross sprengte ihnen entgegen, kam immer näher. Jetzt sah der Schäfer Ross und Reiter.

Ein knöchernes Pferd und ein kopfloser Ritter obenauf, der seinen Eisenarm dem Schäfer drohend entgegenstreckte. Die ansonsten mutigen Kleffer zogen ihre Schwänze ein und versteckten sich hinter ihrem Herrn, der aufgestanden war und ohne Furcht dem Reiter in die blitzenden Augen sah: „Wenn du Jemandem von mir erzählst, bist du des Todes!", sagte der Kopflose, warf dem Unerschrockenen einen schweren Leinensack vor die Brust und verschwand, so schnell er gekommen war. Gleich darauf zog ein Nebel die alte Poststraße entlang, worin Geister einen Sarg forttrugen. Auch sahen einige der Toten den Schäfer, blickten ihm tief ins Herz, da sie aber keine Angst darin fanden, schwebten sie weiter. Ungläubig guckte der Lebende dem Leichenzug nach und sah letztendlich, wie sich am Regenstein ein steinernes Tor aufschwang, worin der ganze Spuk entschwand.

„Wie seltsam!", sagte er, ohne sich mehr dabei zu denken, legte sich schlafen und, wie er am anderen Morgen erwachte und dachte, nur geträumt zu haben, fand er neben sich den Sack des Geisterreiters, prall gefüllt mit alten Münzen. Wie er seinem Weib von allem erzählte, ward er krank und drei Tage später tot. Das Geld stiftete sie dem Kloster, behielt sein Geheimnis ihr zum Wohle, aber für sich! *(aufgeschrieben nach Schrader)*

BLAN

Sagen von Blankenburg
Blankenburgs Mühlen

Früher gab es bei Blankenburg zwei gräfliche Mühlen: Im Blässengehege die Untermühle und zwischen dem kleinen und dem großen Schöt die Obermühle. Zwei Brüder hatten die Mühlen gepachtet. Der jüngere Bruder, dessen Mühle näher bei der Stadt lag, hatte oft Mahlgäste, wohingegen die Obermühle dessen Bruders kaum Zulauf fand. Da packte den älteren Bruder der Brotneid, worauf er sich zornig entschloss, der unteren Mühle das Wasser vorzuenthalten und stellte kurzerhand seinem Bruder das Wasser ab. Ohne Wasser aber ruhte dessen Mühlrad und die Mahlgäste waren gezwungen, scharenweise zur oberen Mühle zu ziehen. Der Untermüller zog daraufhin, wild entschlossen, sich Wasser zu verschaffen, mit einer Hacke zum Mühlteich seines Bruders. Mit aller Kraft schlug er auf und da sich sein Bruder dem widersetzte, so kam es von Worten zu Tätlichkeiten.

Der jüngere Bruder schlug mit der Hacke den älteren an den Kopf, dass er tot zur Erde fiel. Der Mörder wurde ins Gefängnis geführt, wo er einen Bergmann antraf, welcher gleichfalls das Leben verwirkt hatte. Beide sannen auf Rettungsmittel. Endlich machten sie den Vorschlag, dass sie die Stadt Blankenburg vom Wassermangel, welchen dieselbe bei einem schlecht angelegten Stollen im Thiergarten noch immer empfand, befreien wollten, wenn ihnen das Leben geschenkt würde. Sie trieben hierauf einen Stollen im Thiergarten am rechten Orte, die Stadt bekam Wasser und die Übeltäter Gnade.

Andere Sagen erzählen, der Mörder hätte in der Zelle einen anderen Gefangenen getroffen, der damit prahlte, er allein würde einen unterirdischen Wasserstollen kennen. - Als über Blankenburg eine große Dürre kam und die ganze Stadt dem Verdursten nahe war, überredete der Müller den zweiten das Geheimnis für die Freiheit preiszugeben. So erklärten sich die Sünder bereit, Blankenburg zu retten und der Stadt gutes Wasser zu bringen. Für diesen Segen war ihnen die Schuld erlassen und der Müller bestritt seitdem all seine Tage ehrbar und gottgefällig. Zudem half er der Familie seines toten Bruders, ein gutes Leben zu führen. *(aufgeschrieben nach Grässe)*

Wie die Blankenburger Beamten erstmalig Schwielen an den Händen bekamen

Fuchsteufelswild kam der Dingsbums hurliburli aus seinem Rathaus gerannt, der Griesgram stand ihm ins Gesicht geschrieben: „Ratzfatz angetreten, ihr schwatzschweifigen Tingeltangeltaugenichts!", schrie der Bürgermeister flügelflatterschlagend seine Hansguckindielufts an. „Potzblitz, komm ich gerade in meine Stube, doppelhoppelt dort so klimperkleines, forzfreches Fellviech durch mein Sammelsuirum, hat mein nigelnageleues Ticktacktäschchen in der Sabberluke und macht auch ansonsten ein tückischtieriesches Tohuwabohu. Dann sieht mich das Kuschelwuschel und hat obendrauf die Fickfackerei im Sinn, mir ätschibätschi den Lutschlappen rauszustrecken ...!!!" - Die angetripptrappten Wolkenguckheimer wiederum standen wie festgeklipp-klettet im Flur, als hätte ihr oberster Ratsherr, der stets nur Kinkerlitzchen in seinem Klapperdiklapp ausbrütete, wieder nur Ballaballa im Didelidum. „Guckt ihr doch keine Wunderplunder in die Luft!", tamtamte der Bürger-meister, „sondern entsorgt den Mümmelmann im Flickflack aus meiner Amtsstube ..., und gebt ihr nicht gleich gugelhupfig Hackengas, erlebt ihr Kummerkastenkiepenkerle wie's ist, wenn hier einer pickepackevoll Ram-bazamba macht!" – Holterdiepolter rannte da alles ruckzuck Richtung Rathaussaal, das Knuffelpuffel zu fangen, aber was war das für Kuddel-muddel? Krimskrams und Klimbim kladaradatschartig überall auf dem Par-kett verpophanst ... und das klitzkleine Hasenpups unschuldig dreinschau-end mittendrin. Doch, was war das – Klingklang und Hokuspokus – da war der Mümmelmann mit einem Tschingderassabumdumdidum verschwun-den. Ach, nun mussten die Blankenburger Beamten, als wären sie die Hallodris gewesen, das ganze Halligalli beräumen. Kein Fickfack und kein Hickhack half! Zum ersten Mal in ihrem Leben, hatten sie schwuppdiwupp Schwielen an den Händen, davon, das ganze Pipapo zu präparieren.

Ein Tag am Thie

*a*ls es die schöne Stadt Blankenburg, so wie wir sie heute kennen, noch gar nicht gab, man noch zu den alten Göttern sprach und von ihnen Schutz und Beistand erhoffte, kamen mehrmals im Jahr hunderte von Menschen auch von weither zum Thie, einer germa-nischen Thing- also Gerichtstätte. Aus allen Himmelsrichtungen strömte auch viele hundert Jahre buntes Volk herbei: Fuhr- und Kaufleute, Bauern, Knechte und Mägde, Bettler und Spielleute, Ritter und Edelherren, ...

selbst der Regensteiner Graf ritt erhobenen Hauptes auf seinem schneeweißen Ross, begleitet von zwanzig Geharnischten ebenfalls zu Pferde, durch die Menge! Alles war in heller Aufregung: Hatte man den Mörder und Landfriedensbrecher, den Graf Dietrich von Wernigerode gefasst? Welche Strafe würde über ihn kommen? Was würde noch verhandelt werden? Welch Beinkleider trägt man nachher zum Tanze? – Neben den imposanten Hütten, die man in den letzten Jahren aus dicken Eichenholzbohlen an jener großen, freien Fläche gezimmert hatte, waren rasch Zelte und Stände aufgestellt worden. Jeder wollte den besten Platz, in der ersten Reihe stehen, sich gut präsentieren, seine Waren feilbieten und vor allem Neuigkeiten aus der Welt erfahren. Als plötzlich Hörnerklang durch das Lärmen brach. Das Gerede, das Lachen, die Schreie verebbten, als der Ausrufer zur Mahlstatt rief: *„Hört ihr Leut und lasst euch sagen, zum Dingtag hat die Glock geschlagen. Soll heute sich ein jeder fragen: Gibt's guten Grund sich zu beklagen? Nun soll ein jeder Mann sich regen, sich zu den Linden hinbewegen, wollt ihr die heil'gen Regeln pflegen, liegt hier auf euch des Gottes Segen!"*

Frauen und Kinder blieben an den Ständen, nur die Männer gingen los, sich an den alten Linden zu treffen, die in einem großen Kreis einen weiteren Kreis aus Steinen umfriedeten. In deren Mitte saß der traurige Beklagte, ein Brandstifter aus dem einfachen Volke. Drumherum saßen die Schöffen, die Amtsdiener und der Regensteiner, der nun das Wort erhob: „Er hat sich schuldig befunden, an der alten Schmiede ein Feuer gelegt zu haben! Bleibt er bei seiner Aussage?" Der Angeklagte nickte nur stumm. „Dann vernehmt mein Urteil: Dieser Mann, der so viel Leid über unsere Gegend brachte soll an Ort und Stelle, wenn die Sonne untergeht, in hellen Flammen bei lebendigem Leibe verbrennen!" Das Volk klatschte Beifall und johlte. Das würde eine Freude werden, heute Abend vorm Tanze, das Feuer tanzen zu sehen, hatte ein Gerichtstag doch stets auch Volksfestcharakter. Nach dem, was sein muss, darf sein, was soll. Man klönte und sang, soff und fraß, lachte und tanzte gesellig um die Linden ... immer darauf bedacht, keinen Streit vom Zaun zu brechen, denn hier herrschte unumstößlicher Thingfriede.

Allein sein Schwert zu ziehen oder die Hand drohend zu erheben, konnte bedeuten, sie per Schwerthieb vom bestellten Henker zu verlieren, wobei man dessen Dienste als Delinquent noch selber bezahlte, ... nicht nur mit seiner Hand, sondern einigen Talern Strafe obendrein. Verstümmelungsstrafen waren beinahe an der Tagesordnung, wie das Blenden der Augen, das Abschneiden der Nase oder das Handabhacken bei Diebstählen, immer gefolgt von dem Landesverweis! „Man sah es einem also wirklich an der Nase an", wenn jemand etwas „im Schilde führte" – die Konsequenz für eine heimlich mitgeführte (im Schild versteckte) Waffe. ...

*N*icht immer aber ging es am Thie um Leib und Leben, um eichenharte Beschlüsse, wie bei Mord, Raub und Vergewaltigung, Aufruhr, Brandstiftung oder Hexerei. Unter den Linden wurde vornehmlich verhandelt, wovon man sich ein „lineres Urteil" erhoffte: Eine Wiedergutmachung, bei welcher der Beklagte Geldstrafen an den Geschädigten zu zahlen hatte. Am Thie traf man sich zur Hohen Gerichtsbarkeit, erwartete den Schiedsspruch des Grafen, oder eben ein Gottesurteil. Hierbei durfte der Beklagte sich freischlagen, indem er z.B. den Kläger zu einem Schwertduell herausforderte. Wer überlebt hat eben Recht!

Ein glühendes Eisen aus dem Feuer ziehen, wobei keine Verbrennungen an der Hand sichtbar werden durften, war ebenfalls beliebt. Wer wollte da schon „für den Anderen die Hand ins Feuer legen"?

Kleine Delikte (später aber selbst das „hochnotpeinliche Halsgericht") klärte man unmittelbar im oder vorm Rathaus in der Niederen Gerichtsbarkeit: Wen der Nachtwächter ohne Licht bei Dunkelheit ergriff, wer gegen die Kleiderordnung verstieß oder sich unerlaubt zusammenrottete, verbrachte seine Tage bis zur Verhandlung im „Hundeloch", ein dunkler, feuchter Kerker im Keller des „Spelhuses". Im besten Fall bekam er Wasser und Brot, jedoch nur, wenn es ihm von einem Bekannten durch das winzige Guckloch zugereicht wurde, war doch die kulinarische Versorgung der Gefangenen in der damals etablierten, städtisch finanzierten Unterbringung keine Regel – „All-Inclusive" war noch lange nicht erfunden! Langjährige Freiheitssträfen waren im Mittelalter auch bei groben Verstößen eher nicht die Regel. Wer sich schuldig gemacht hatte und auch schuldig gesprochen wurde, den verwies man des Landes!

Wer nicht gestand, den folterte man ..., durch stundenlanges Kitzeln, Aushungern, Einsperren in dunklen Räumen, Peitschenhiebe, Daumen- oder Würgschrauben, Tränken oder Brennen, Verstümmeln, Strecken und Brechen ... - der Erfindungsreichtum der Foltergeräte des Mittelalters spricht für sich! Noch lange war in der Unteren Mühle ein Keller mit „Werkzeugen" extra dafür eingerichtet, um das Geständnis zur Not herauszupressen. Gestanden wurde in der Regel irgendwann alles, ganz gleich was der Folterknecht verlangte. Noch heute fühlt sich manch einer „gerädert", zum Glück aber, ohne aufs Rad gespannt zu werden oder von diesem die Knochen im Leibe zerborsten zu bekommen.

Solche gravierenden Prozesse waren aber nicht an der Tagesordnung, ganz im Gegensatz zu Ehrenstrafen. Sie wurden in jeder Stadt am Häufigsten verhängt: Marktfrauen, die sich stritten, bekakten, die über andere lästerten, hatten sie eine Strafe an den Rat der Stadt zahlen oder einer Amtsperson ein Gewand zu schneidern.

Bei wiederholtem Vergehen wurden sie auf dem Esel falschherum sitzend über den Markt geführt, bekamen einen 2-10 kg schweren Lästerstein um den Hals gehängt, standen am Pranger oder waren am „hölzernen Pferd" festgeschnallt, um verspottet, bespuckt und mit Unrat beworfen zu werden. Wer mit seiner Ware betrog – der Stoff konnte mit einer Elle am Rathaus jederzeit nachgemessen, Lebensmittel mit der Ratswaage gewogen werden – waren die Ware los. Fremde Händler hatten die Stadt umgehend zu verlassen, Bürger bekamen dicke Geldstrafen aufgebrummt. Einbrecher standen im Halseisen am Schandpfahl vor dem Rathaus gefangen und wurden dort vor ihrer Beute ausgepeitscht und öffentlich zur Schau gestellt. Felddiebstähle wurden mit dem „eisernen Schandkorb" bestraft, in welchem der Dieb eingesperrt saß, um über eine Seilwinde im Tränketeich mehrere Male eingetaucht zu werden. Da lachte die Menge über den, dem „tüchtig der Kopf gewaschen" wurde. Ein Glückspilz ist der, der lange Luft anhalten konnte. Ein Handwerker, der betrog oder pfuschte, bekam seinen goldenen Ohrring (seine Sterbeversicherung) herausgerissen. Dass es ein „Schlitz-ohr" war, konnte nun jeder sehen. Die Zunft schmiss ihn heraus, womit seine wirtschaftliche Grundlage verloren ging. Falls er Bürger war, verlor er nach solch einer Ehrenstrafe alle Bürgerrechte und musste die Stadt verlassen. Die erlittene Demütigung war also das geringste Übel!

Noch immer wartete das Volk am Thie immer ungeduldiger werdend das Ende der Hohen Gerichtsbarkeit ab. Vielleicht würde man dann erfahren, ob die Gerüchte wahr wären, dass man den Grafen Dietrich von Wernigerode, den Landfriedensbrecher, tatsächlich ergriffen hätte, vielleicht würde er ja öffentlich vor Ort gerichtet werden. Solch ein Spektakel sähe man nur einmal im Leben: Ein schneller Schwerthieb … und der Kopf eines Grafen, wie er vom Gerichtsplatz in die Menge rollt. Oh, man würde dagegen treten, allen Frust daran auslassen …! „Was den Landfriedens-brecher angeht …!", tönte der Graf von Regenstein und die Menge verstummte.

Selbst der Wind hörte auf zu wehen, die Vögel auf zu singen, die Feuer auf zu knistern, womit eine gespenstige Totenstille über dem Richtplatz lag. „… den haben wir ergriffen …" – das Volk johlte – „… über ihn an der Heimburg gerichtet …" – Jubelrufe – „… und ihn an der Hangeleiche aufgeknüpft!" – Oh, hätte man nicht weiterhören wollen, man wäre in Volksfeststimmung zum Tanzplatz gegangen, sich mit einem guten Schöppen Met zuzutrinken. – „Lange hing der Landfriedensbrecher, der unser schönes Blankenburg überfallen, das Schloss in Brand gesteckt hat, dort am Baume, bis die Raben nichts mehr an ihm zu fressen hatte und endlich der Kopf vom Rumpf abriss … dieser Kopf …!" – Der Graf von Regenstein hatte in einen Sack gegriffen und den verwesten Schädel des Wernigeröder Grafen daran an den Haaren herausgezogen – die Menge verstummte. – „… wird nun in der Schlossmauer einzementiert. Soll er allen Feinden unserer Grafschaft ein Zeichen sein: Das geschieht mit Jemandem, gleich welchen Standes, wenn er gegen unsere Stadt auszieht." Da war das Volk zufrieden, klatschte und lachte und ging beseelt zum Tanze. – Noch heute soll der Kopf des Grafen Dietrich im Schlosse eingemauert sein.

*a*b dem 12. Jh. fand die Todesstrafe Einzug in das Rechtswesen Blankenburgs. Dabei galt das Hängen als unehrliche Todesstrafe, im Gegensatz zur Hinrichtung mit dem Richtschwert. Man konnte also vom Hängen zum Kopfabschlagen begnadigt werden! Was der Unterschied sei, weil man ja in beiden Fällen nicht mehr auf der Erde weile? Der Gehängte wurde nicht in geweihter Erde auf dem Gottesacker vergraben, sondern an Ort und Stelle verscharrt. Damit hätte dieser mit der ewigen Verdammnis, eben dem Fegefeuer zu rechnen. Der mit dem Schwert Geköpfte, konnte wenigstens hoffen, im Himmel seinen Seelenfrieden zu finden. – Zuletzt sprach man im Blankenburger Raum folgende Todesstrafen aus, wobei die Hinrichtung im Heers geschah: 1826 an den Wilddieb Ziegler aus Tanne, der einen Förster erschoss und an Christine Glahn aus Allrode, die ihre 10jährige Stieftochter erdrosselte. *(aufgeschrieben nach Winnig in Sander)*

Unerwarteter Reichtum

Graf Utz, der die Blankenburg und den Regenstein zu Lehen hatte, wusste nicht mehr ein noch aus. Seine Blankenburg war baufällig und auch die stolze Felsenfeste Regenstein würde sich bei einer Berennung und Belagerung nicht lange halten können. Geld musste her, aber woher nehmen, wenn nicht stehlen? Das Raubrittertum war wahrlich nicht sein Geschäft, er verstand sich vielmehr aufs Beten und auf die christliche Nächstenliebe. So beschloss er den Tag mit einer Fürbitte, bevor er seine Augen schloss ... und träumte wohl bereits? Da stand der bleiche Geist eines Ahnherrn in seiner kargen Kemenate und hieß den Grafen, ihm zu folgen, wies auf einen versteckten Felsengang, schwebte im Dunklen vorweg und der Graf lief beherzt hintendrein. Immer tiefer ging es durch lange Gänge und große Säle in den Felsen hinein, hier herum, dort herum, jetzt wieder hinauf und dort wieder hinunter.

Der Graf staunte nicht schlecht und erinnerte sich, dass sein Großvater immer wieder von unendlich langen Gängen unterm Blankenstein gesprochen hatte. Bis zum Münzenberg in Quedlinburg sollen sie gehen, auch bis zum Regenstein, man komme durch einen geheimen Gang durch den Burgbrunnen, wohin man wolle.

Utz Vater, der alte Graf, schüttelte immer verzweifelt mit dem Kopf, wenn der Großvater scheinbar verwirrt aus seinen Kindheitstagen sprach. Da nämlich, wäre er einmal durch Zufall in solch geheimen Gang geraten und hätte sich mit letzter Kraft nach drei Tagen und Nächten wieder herausgefunden. Zeit seines Lebens hatte der Großvater verzweifelt nach den Gängen gesucht, den Schlosshof und die Keller aufbuddeln lassen und bei der kostspieligen Suche, viel vom Reinsteinischen Erbe verprasst. Dennoch fand er den Eingang niemals mehr wieder.

In diesen Gedanken versunken folgte der Graf dem Geist und bemerkte gar nicht, wie der Abstand immer größer wurde, bis die Lichtgestalt bald gar nicht mehr zu sehen war. Da stand Utz nun im Dunkeln, tastete sich den feuchten Felsengang vorwärts … und stolperte plötzlich über einen großen, metallenen Kasten. Wie neugierig er war, die Truhe zu öffnen und hineinzusehen, kann man sich denken, doch zuerst brauchte man Licht. Nicht einmal anheben und mitnehmen konnte man das Ding, weshalb der Graf es schweren Herzens stehen lassen musste. Gefühlt noch eine kleine Ewigkeit stolperte er vorwärts, bis er an das Ende des Ganges kam. „Potzblitz, hier geht's nicht weiter!", dachte er, drückte hier, schob dort, als plötzlich die Wand nachgab und der Graf wenig edelaussehend in eine beheizte Stube fiel. Er rieb sich die Augen und doch blieb es die selbe Erscheinung: Sprachlos vor Staunen stand er in seiner eigenen Kemenate …. und erwachte am anderen Morgen.

Vollkommen gerädert meinte er, nur geträumt zu haben, bis er die stechenden Schmerzen in den müden Beinen spürte, die Decke zur Seite schlug und verdutzt seine schmutzigen Füße sah. Gleich sprang er auf, ging auf die Stelle des Traumes – Aber, war's überhaupt ein Traum gewesen? – zu, an der er in den Raum hineinfiel. Den geheimen Felsengang war tatsächlich da und auch die Truhe fand er wieder. Randvoll stand sie mit goldenen Münzen hohen Alters. Mit diesem Schatz war Utz plötzlich so wohlhabend geworden, dass man ihn fortan den reichen Utz, also Ulrich nannte.

Er restaurierte und erweitere sein Schloss, befestigte den Regenstein und schenkte die Hälfte des Goldes den Armen. Und das Erstaunlichste: Was immer er an einem Tage an die Armen verschenkte, lag am anderen Morgen wieder vollzählig in seiner Truhe, so ward die Grafschaft allmählich reich und er beim Volke beliebt.

An seinem letzten Lebenstag aber, sah er den Geist des Ahnherrn wieder vor sich stehen, der ihm prophezeite: „In 333 Jahre von heute an, wird dein Geschlecht vergehen oder aber du bringst das Gold zurück, wo du ihn einst hast stehen sehen. So wird die Reinsteinsche Sippe verarmen, doch ewig leben in meinem Erbarmen!" Oh weh, auf Drängen der Kinder hat sich Graf Ulbrich fürs goldene Ende entschieden! *(aufgeschrieben nach Schrader)*

Ulrich der Unglückliche

War Graf Ulrich X. vom Regenstein unglücklich, weil das Schicksal hart um sich schlug, oder schlug er sich gern, was daraufhin zu seinem Schicksal wurde? Jähzornig war er, von Kindheitstagen an, war mit nichts und niemandem zufrieden und eben, weil er nicht mit sich im Frieden war, stand er in vielleicht des Unglücks Bann!? Einmal war er mit Freunden auf Heldrungen zu Besuch, griff nach einer sich selbst entzündenden Büchse, kasperte herum, merkte nicht, dass sie geladen war und erschoss im Spaß Curt Barth und Günter von Berka. Zur Sühne des Unfalls zahlte er 1000 Gulden, deren Zinsen mildtätigen Zwecken des Stolberger Hospitals zukommen sollten. Ach, was grollte Ulrich gegen sich, hieß sich selbst einen Unglückswurm und jammerte auch, dass durch seine Dummheit so viel Geld verloren gegangen war. Auch sonst machte er Schulden über Schulden, ganz genau wie sein Vater, dem er nie ähneln wollte.

Solch einen Grafen wollten freilich die Blankenburger nicht über sich im Schlosse sitzen haben und widersetzten sich nach besten Kräften. Erst mit roher Waffengewalt gewann der Unglückliche die Oberhand über seine, ohnehin vom Bauernkriege schwer gebeutelte Grafschaft zurück. Eine Hochzeit musste her, nicht der Liebe, sondern des Machtzuwachses wegen, doch es machte dem Unglücklichen schon etwas aus, dass seine Gattin Barbara, Gräfin von Mansfeld, der es mitunter gelang, seinen Jähzorn zu besänftigen und den Schwermut fortzuküssen, nach nur zwei Jahren Ehe plötzlich verstarb. Von da an konnte Ulrich nichts Schönes mehr am Leben finden. „Ein Unglück kommt selten allein!", jammerte der an sich im Überfluss Schwelgende, was seine Seele täglich mehr verarmen ließ.

Die Jahre verflogen, Ulrich heiratete ein zweites Mal, nämlich die Gräfin Magdalena zu Stolberg, die ihm viele Kinder und noch mehr glückliche Stunden geschenkt hatte.

Doch auch dies änderte nichts daran, dass er sich für einen Pechvogel hielt! In der Nacht zum 19. November 1546 träumte der Unglückliche von einem goldenen Vogelkäfig. Wunderschöne buntgefiederte Vögel saßen darin auf einer Stange, als plötzlich einer nach dem anderen in Flammen aufging, schwarz gefärbt zu Boden fiel und unten als Aschewölkchen zerstobe. Nur ein Tier war noch übriggeblieben, das fortdauernd piepte: „Ingesperrt - totgeplerrt, frigelaten - Glück im Garten!" als die Glocke der Schlosskirche wild läutend die Schlafenden aus den Träumen riss.

„Feuer, Feuer", schrie es im Hof und, wie Ulrich die Augen aufschlug, zog bereits dichter Qualm durch die gräflichen Gemächer. Die Bediensteten waren aus den Kammern geflohen, hatten aber die Grafenfamilie vergessen, die nun in den oberen Schlossstuben gänzlich von den Flammen eingeschlossen war. Die jüngeren Kinder wurden gerettet, indem man sie von Laken umwickelt aus den Fenstern abseilte. Nur Ulrich und seine schwangere Magdalena strauchelten noch oben durch die Flammen, hustend, entkräftet, die Leiber angesängt: „Verlate mik unn rette din Leben!", schrie sie dem Liebsten durch die Flammen zu, der unentwegt versuchte, sich durch die Flammenhölle zu ihr hinzukämpfen. „Bin in- gesperrt, totgeklärt - vor mik, rette dik - unn late unsere andern Kinneken net warten!" Schweren Herzens kletterte er aus dem Fenster, keine Sekunde zu früh, sah er doch noch im Augenwinkel, wie die brennende Balkendecke über seiner Liebsten zusammenbrach. Er entkam mit schweren Verbrennungen am ganzen Körper, weinte drei Tage und Nächte, verließ dann aber seine Bettstatt - ganz zum Erstaunen aller Diener - grüßte einen Jeden freundlich, wirkte sonderbar beseelt und ließ seine Kinder zu sich kommen. Alle fanden Platz in seinen ausgestreckten Armen, standen und weinten gemeinsam eine kleine Ewigkeit, bis Stille ward, worauf er ein jedes um Verzeihung bat: „Der Teufel hat meine Seele endlich frigelaten, bitte kummt mit mik tollen unn tanzen unn lachen im Garten!" Von dieser Stunde an fühlte sich Ulrich frei. Der „Unglückliche" lachte in seinem letzten Jahr mehr als in seinem ganzen Leben vor dieser Unglücksnacht!
(aufgeschrieben nach Sander)

Das Sühnekreuz am kleinen Schloss

*N*ein, es war keine zimperliche Zeit, gegen 1500 in unseren Breiten. Überaus hart war es sogar, sich sein Leben zu verdingen, die Mäuler seiner Lieben zu stopfen und oft genug war jede Arbeit recht, hatte man abends nur ein Stückchen trocken Brot zwischen den Zähnen. Oh, der junge Mann war zunächst zufrieden in den Gesellendienst eines angesehenen Blankenburger Handwerkers eintreten zu dürfen, auch wenn dessen Leumund nicht der Beste war und der Familienname Wüterich schon Bände sprach. Nach einiger Zeit aber, wunderte sich selbst die gute Frau, weshalb ihr Mann des Lebens müde und immer gereizter wurde. Endlich sah sie auch die dicken Striemen am Rücken, ganz zerschunden war der Leib ihres Liebsten, blaue Flecke, aufgeplatzte Wunden. „Was ist denn das? Wer peinigt dich so?", fragte sie und ließ auch nicht locker, als er abwinkte. Wie der Geselle aber am nächsten Tage wieder bei seiner Arbeit hockte und als Dank für gutes Tun einen Schlag nach dem anderen vom Meister überbekam, da platzte dem Gedemütigten endgültig der Kragen. Er sprang auf, riss dem Alten die Knute aus der Pranke und mit dem Zorn dreier stillgehaltener Jahre, hieb er dem Meister einen über den Schädel. Wie ein nasser Sack klappte der in sich zusammen und war mausetot. Fassungslos stand der Bursche neben dem Meister, konnte sich nicht regen, so erschrocken war er davon, so aus seiner Haut gefahren zu sein!

„Du Teufel, Mörder – haltet ihn!", schrie das Weib des Meisters, das plötzlich hinzugetreten war und ihren Gemahl zu Füßen des Gesellen liegen sah. Vom Schrecke erwacht, schmiss der Bursche die Knute fort und rannte um sein Leben. Jemand seines Standes wurde wegen Mord ohne Anhörung gemeuchelt, das wusste er nur zu genau und war auf dem Thie Zeuge davon geworden. ... doch, wenn er es schaffen würde, sich zum Dedingstein durchzuschlagen?

Dann könnte er sich freischlagen, hätte eine Anhörung verdient, ja, dann wäre er sicher. Am Dedingstein angeschlagen wartete er auf das, was oder wer unweigerlich kommen würde: Wie er dem Amtsdiener und den Bütteln seine Wunden am Rücken zeigte und erklärte, was er wie lange erlittet hatte, da ließ das Gericht Gnade vor Recht ergehen. Bloß ein Sühnekreuz hätte der Geselle für den Erschlagenen bei der Liebfrauenkapelle Blankenburgs zu hauen und zu setzen, das sei Strafe genug. Überdies bekam der Bursche Sold dreier Jahre nachgezahlt, um welchen ihn der Meister betrogen, die der Wüterich unrechtmäßig einbehalten hatte. Von dem Tage an konnte der Geselle seinen Lieben jeden Abend Brot und Fleisch, manchmal sogar Bier kredenzen. Die Tat lag dem Gesellen trotzdem schwer im Magen. Es kostete ihn sicher tausend Gebete, bis ihm wieder irgendetwas schmeckte. – Das Sühnekreuz steht heute vorm Kleinen Schloss.

Vom Vögeln

Im Städtlein Blankenburg gab's einst einen Bettelmusikanten, das war ein ganz seltsamer Vogel, ein Pfiffikus vorm Herrn: Der schlief den ganzen Tag und trällerte nachts. Oh, lauschte ihm jemand, mit Sinn und mit Herzen, dem sang er von Liebe, von Sehnsucht und Weltenschmerz. Mit glänzenden Augen und rauchiger Stimme, erklangen seine Lieder und weckten Verlangen. Manch einer Magd erschien er im Traum, lieblreizend und kühn und selbst die Edeldamen der Stadt konnten rosenkranzbetend nicht vorbei an ihm ziehen. Sang er sich ins Herz solcher Edelfrau, vergaß sie den Stand, die Tugend und Pflicht. Sie spürt, dass eines seiner Lieder jeglichen ihrer Vorsätze zerbricht. „Nimm mich, gleich jetzt, gleich hier aber hart!", flüsterte täglich ihm eine in den Bart. Doch Gott allein weiß, er fing nicht jeden Vogel, sah er doch am Neste schon, welch Piepmatz darinnen saß. Am Augenglanz der Dame erkannte er, welche Melodie sie sich erhoffte. Er versank in der Begegnung ihrer Blicke und sang frei heraus, was er in ihren stillen, aber tiefen Wassern erspürte. Am Vogelherd begegnete er Einer, edler noch als der schönste Fasan, ein Diamant zwischen all den farblosen Steinen. Oh, auch sie brachte ihn in den siebten Wolke Wahn. Sie lauschte ihm und kniete sich nieder, er sah ihr nur kurz unter's perfide Gefieder und, wie ihre Blicke sich trafen, war ihm alles schnurz. Auch sie hatte Mühe, sich nicht gleich zu verschenken und spürte die Blicke ihres Vater im Rücken. Der hegte bereits arge Bedenken, wovon sie sich nicht beirren ließ. Leise schnurrte sie ihm ins Ohr: „Mein Griesgram von Vater ist heut' nicht im Haus, wenn du willst komm zu mir, auf und in mir, Amor. Ist die Luft rein, stell' ich meine Vögel raus!" Und abends an dem Herrenhaus, hinter der alten, knorrigen Linde, da wartet verstohlen der Musikant, auf die Stunde da der Mond die Sonne verbannt und denkt und hofft: „Ach Vater, verschwinde!" Da endlich tritt die Schöne heraus, welch unberührtes Sternenkinde, die Vogelvoliere in zittriger Hand, sie ruft zum spannenden Spiel den Galant, dass der sich in ihrem Bett einfinde. „Befrei' und ergründe mich, sprich aus mit dem Körper dich, stich!", flehte sie, als er lächelnd verstand: „Ist sie allein zuhaus', und will gevögelt werden, stellt sie ihren Vogelkäfig hinaus!"

Die weiße Frau

Einst hielt am alten Blankenburger Schlosse ein Soldat seine Wache. Mitten in der Nacht kam ein Burgfräulein zu ihm, von wunderschöner und gänzlich weißer Gestalt und bat ihn inbrünstig, mit ihr zu kommen, es würde sein Schaden nicht sein. „Ich kann nicht mit Ihnen gehen, wertes Fräulein, meine Wacht hat erst begonnen!"

Wie er das Erlebte am nächsten Tag seinen Kameraden erzählte, drangen sie auf ihn ein und meinten durch die Bank weg, er solle es versuchen, der Jungfer zu folgen. Als sich das Spiel in der Folgenacht tatsächlich wiederholte, folgte die Wache der Jungfrau. Sie führte ihn in eine Höhle unterm Bielstein am Ziegenrücken, in der ein Tisch stand. Unter dem Tisch saß ein riesiger Hund, der den Soldaten streng im Blick behielt. Oben auf stand ein Hahn. „Töte den Vogel, dann bin ich erlöst und will ich dich reich belohnen!", bat die weiße Frau. Doch ein jedes Mal, wenn der Soldat auf den Hahn anlegte, knurrte der Hund unterm Tisch fürchterlich und bleckte seine gewaltigen Zähne, worauf der Mann allen Mut verlor. Plötzlich läuteten die Kirchenglocken am Blankenburger Schlosse und auf einen Schlag waren Jungfrau, Hahn und Hund verschwunden. Erst gegen Mittag des Folgetages, fanden die Kameraden den Soldaten wieder. Lange brauchten sie, um ihn aus dem todesähnlichen Tiefschlaf zu wecken und waren ganz erschrocken, als sie seine Geschichte erfuhren.

Man sagt, wer es vermögen würde, seiner Angst zu widerstehen und den Hahn wirklich zu schießen, der hätte den Ziegenrücken von den Mächten der Finsternis und die irrlichterne Jungfrau befreit.

*E*iner anderen Sage nach – *die am Morgen der Frühlingstag-undnachtgleiche spielt, geht doch die Sonne am 21.03., der un-seren Altvorderen als Tag der Ostara so heilig war, vom Bielstein aus gesehen, direkt in der Talkerbe auf* – wollte der Soldat den Rat auch wirklich beherzigen, wagte es aber wiederholt nicht, den Hahn zu schie-ßen. Nein, es schien ihm nicht richtig zu sein, worauf er die Flinte gen Boden legte, etwas zaghaft auf die weiße Frau zuging und ihr einfach einen Kuss auf die golden schimmernden Lippen drückte. Da war die Holde erlöst und der Soldat bekam sowohl sie als auch den Schatz. *(aufgeschrieben nach Bartens & Körner)*

Ein Gastmahl für die Templer

S chon oft waren die Tempelherren – einst die reichste Bruderschaft aller deutschen Lande, die sich selbst „Arme Ritterschaft Christi und des salomonischen Tempels zu Jerusalem" nannte und sich im Jahre 1118 in Folge des Ersten Kreuzzuges gründete – zu Besuch bei Heinrich V. von Regenstein gewesen – seit vielen Jahren waren sie Handelspartner und Rüstbrüder bei Gefahr, darüber hinaus aber wirkliche Freunde geworden. Sicher wollte sich der Graf wieder beleihen, aber diesmal meinten die Templer, würde man ihn zunächst an die Zurückzahlung der alten Schulden erinnern, sollte doch der schnöde Mammon keinen Schatten über ihre alte Kameradschaft legen.

Alle Brüder des Ordens, die im Harzgau lebten, fanden sich also wohl am Tage der Kreuzerhöhung, dem 14. September 1307 auf Schloss Schlanstedt ein. Man lachte zusammen, trank sich zu, genoss den blutroten Sonnenuntergang und fand sich dann im Festsaal des Schlosses ein. Wahrlich ein würdiger Ort für eine Zusammenkunft, hatte sich hier doch einst Graf Stefan von Regenstein mutig geschlagen. In der großen Schlacht unter König Heinrich I. gegen die räuberischen Hunnen, verdiente er sich durch seinen Opfertod viele Ehren, worauf man der Regensteiner Linie eben jenes Land zusprach. „Hoch auf den Helden, der dem Teufel unser Kreuz so tapfer entgegentrug, unser Christentum zu ehren!", rief der Großmarschall der anwesenden Templer, worauf alles einstimmte und sich freudig zutrank. „Herr Heinrich, lasst uns, bevor euer Wein uns alle volltrunken macht, noch über die fälligen Zinsen sprechen!", bat der Großkomtur, der verantwortlich für den Templerschatz war, freundlich aber bestimmt, worauf der Regensteiner nur lächelnd abwinkte und sagte: „Meiner Schuldigkeit wird morgen schon genüge getan – jetzt aber lasst uns trinken und lustig sein!"

In der Stube saßen zwischen den Templern immer zwei Regensteiner und schenkten tüchtig nach und rühmten die schönen, prallbusigen Bediensteten. Der eingefangene Sternenglanz des Raumes aber war die Tochter des Grafen, fürwahr frischer als der Morgentau und schöner als ein Engel. Als dieses Zauberwesen auf Geheiß ihres Vaters zur Mitternachtsstunde den Raum verließ, ward selbst den Templern dunkler zumute, obschon sie ja geschworen, sich keine Frau zu nehmen. Tatsächlich sollte es für alle die dunkelste Stunde werden, denn wie die Türe hinter der Holden ins Schlosse fiel und ihr alle Blicke noch nachhingen, zog ein jeder Regensteiner unter seinem Mantel einen Dolch hervor, um diesen den unbewaffneten Tempelherren in die Herzen zu rammen. Es war ein kurzer und unfairer Kampf ... an dessen Ende ein jeder Ordensritter in seinem Saft am Boden lag. Noch lange nach dieser Bluttat hieß der Saal die „rote Tempelherrenstube"!

Was war aus der Freundschaft geworden, fragt man sich und hört erstaunt, dass der französische König Phiipp, dessen Schulden beim Templerorden zu groß geworden waren, kurzerhand beschlossen hatte, sich der Ordensritter zu entledigen. Das kam dem Papst Clemens V. ganz recht, waren doch die Tempelherren mittlerweile mächtig genug, selbst den Vatikan zu erschüttern. Über Nacht entschied man sich also, sich dieser lästigen Gefahr zu entledigen. In ganz Europa entbrannte zeitgleich ein beispielloses Morden. Die Templer hätten sich der Sodomie schuldig und mit dem Teufel gemeinsame Sache gemacht, sie hätten auf das heilige Kreuz gespuckt und die Christenwerte verachtet, sagten die Mörder später, um sich die Hände rein zu waschen. Die Seele des Regensteiner Grafen Heinrich V. aber blieb befleckt und der Teufel forderte sie zu Recht: „By Slammstedt ist sump und kot, do fand de graven sinen dod!" *(aufgeschrieben nach Oelsner)*

Der Fluch über die unkeuschen Nonnen

*a*uf der Blankenburg saß einst ein Graf, der schwer erkrankt zum Vater im Himmel bat: „Gott im Himmel, lass mich wieder gesunden und, wenn du's vermagst, will ich dir das Schönste zu eigen geben, was ich besitze!" Wie er tatsächlich wieder ganz zu alten Kräften fand, gab er sein einziges Töchterlein – Lina, seinen größten Schatz – ins Kloster. Das stand einst an jenem Ort, der heute Bleicheplatz heißt und auf dem einige dicke Linden wachsen. Lina erschrak furchtbar als sie hörte, sie solle den Schleier nehmen, war sie doch heimlich mit Lindor verlobt, einem guten Mann. Er war nicht nur der beste Schwertkämpfer des Ortes, sondern trug in der Brust ein gutes Herz, hatte sanfte Hände und liebevolle Augen. Was half es ihr zu bitten und zu betteln, der Vater hatte vor Gott einen Schwur getan und den gedachte er zu halten, weshalb Lina nicht drumherum kam, Nonne zu werden. – Die Zisterzienserinnen, allen voran ihre Äbtissin, führten jedoch ein ausschweifendes Leben, weit davon entfernt, gottgefällig zu sein.

Da sich nun alle Schwestern gegenseitig deckten, war bislang nichts dergleichen nach außen gedrungen. Die junge und fromme Lina, die zum Treiben offen ihren Unmut bekundete, war eine Gefahr, zumal der Bischof von Halberstadt seinen Besuch ankündigte. Ein Plan musste her, wussten die sündhaften Schwestern. Ach, ihre Mutter Oberin, wäre nicht Äbtissin geworden, ohne einen Pfuhl voll von intriganten Ideen. Sie hatte überall ihre Vögelchen, die ihr Wichtiges zuzwitscherten, wie den Namen Lindor. Auch war mit dem Vater, dem Grafen von Blankenburg, noch eine alte Rechnung offen, seitdem er sie einst als junges Mädchen schwanger vorm Kloster absetzte und nichts mehr von seinen Liebesschwüren wissen wollte. Am Tage, da Lina die letzte Prüfung absolvierte die Kutte um- und den Schleier aufbekam, vereinbarte sie ein heimliches Stelldichein. Lina sollte auf Lindor treffen und wenn die sich, was natürlich wäre, in die Arme fielen, dann fiele die ganze Liturgie möglicher Bestrafungen allein in die Hände der Äbtissin: „Lina lebendig einmauern, fänd' ich angemessen!", lachte sie derb und die ins Vertrauen gezogenen Schwestern spuckten Gift und Galle.

Am besagten Tage traf Lina nach ihrer Weihestunde wirklich mit Lindor zusammen. Wie verwurzelt standen sie im Klostergarten, wie aneinandergeschweißt und herzten sich so süß, dass selbst Gott nichts dagegen haben konnte. Unter bitteren Tränen erzählte sie ihm, dass sie sich nicht wiedertreffen könnten, weil sie jetzt dem Herrn im Himmel versprochen wäre. Er aber bat, sie möge ihm wenigstens erlauben, sie wieder zu sehen, wäre es auch nur für einen Stunde aller sieben Jahre. Das schworen sie sich, als plötzlich die Äbtissin mit ihrer geifernden Nonnenschar, wie aus dem Nichts, vor den Liebenden auftauchte und hämisch lachte. – Niemand hatte wahrgenommen, dass überm Kloster ein schweres Gewitter aufgezogen war. Wolkenberge türmten sich himmelhoch und in den dunklen Kolossen grummelte der Allmächtige und ließ im selben Augenblick noch hundert Blitze zur Erde schlagen. Der Erste traf Lina und Lindor, schenkte ihnen einen schnellen, schmerzlosen und seligen Tod. Die anderen aber ließ Gott im Kloster niedergehen, versengte die ganze schamlose Brut in einem Flammenmeer und ließ dabei keinen Stein auf dem anderen!

Das Liebespaar fand man am anderen Morgen, unverbrannt, Arm in Arm, auf beiden Gesichtern ein Lächeln liegend, fast so, als würden Beide nur schlafen. Man begrub sie an Ort und Stelle unter den alten Linden. Doch aller sieben Jahre, heißt es, würden sich ihre Gräber öffnen, ihre Geister empor schweben, sich wiederfinden, zu einem wirbelnden Lichtlein werden, welches eine Stunde lang um die Linden tanzt. Wer es sieht, ist von da an ganz erfüllt von Wonne und Gottes Schönheit, die hier auf Erden ist, ein Leben lang. – Aber auch die Äbtissin wandelt als Geist in jener Stunde umher. Als weiße Schlange erwacht sie mit Lina und Lindor, umkreist voller Neid und Missgunst die Geliebten und ist so lange dazu verdammt zu erwachen, bis sie begreift, was Liebe heißt! *(aufgeschrieben nach Leibrock)*

Das Grab unter den Linden

Es kost ihm im feuchten Haare das Kind, er küsst ihr die bleichen Wangen; sie sitzen zusammen unter der Lind und halten sich lieb umfangen! - „Schon lang ist's, dass ich gelegen hab, es kommen die Jahre und schwinden. Wann spaltet der Sarg, wann springet das Grab? Wann werd' ich dich wiederfinden?" -
„In sieben Jahren, mein liebster Schatz, dann werd' ich dich wieder begrüßen. Wir treffen uns wieder auf diesem Platz, uns wieder zu herzen und küssen." -
„Die sieben Jahre vergehen geschwind, es sind schon so viele vergangen, dann sitzen wir wieder hier unter der Lind' und halten uns lieb umfangen!"
(aus „Sagen und Geschichten aus der Vorzeit des Harzes, 1847)

Die Schäferlinde zu Blankenburg

Ein Schäfer in Blankenburg grämte sich einst, seiner Arbeit wegen. Nein, er liebte es, Schäfer zu sein, das war es nicht. Doch hatte er sich in die junge Gabrielle verliebt, ein selten schönes Ding mit wallend rotem Haar und grünen Äuglein, deren Vater ein angesehener und reicher Bürger des Städtchens war.

Gabrielle fand wohl auch gefallen an dem Schäfer, denn tagtäglich kam sie, um mit ihm unter seiner Linde zu sitzen, den Wildblumen beim Wachsen zuzuschauen, den Vöglein zu lauschen, zu schweigen und zu träumen. Mutig genug, um bei ihrem Vater vorzusprechen und um ihre Hand anzuhalten, war er aber nie. Er kannte den Mann nur zu gut und wusste, dass er bitter verlacht werden würde, denn einem einfachen Mann wie ihm, würde der seinen größten Schatz niemals vermachen. – Bald aber wurde Gabrielle furchtbar krank, lag mit teuflischem Bauchweh und eines Blutsturzes wegen darnieder und kein Medikus wusste, wie man der Schönen Linderung verschaffen könnte. Da bot der Vater demjenigen, der sie zu heilen verstände, viel Geld und Grund, worauf sich als letzte Hoffnung der Schäfer vorstellte und meinte, vielleicht guten Rat zu wissen.

„Ich gebe dir alles, was dein Herz begehrt, wenn es dir nur gelingt, meine Tochter zu heilen. Wehe aber sie stirbt, dann wirst auch du nicht mehr froh!", mahnte Gabrielles Vater, worauf der Schäfer ein Kraut hervorzog.

Mit der Hälfte der Garbe, goss er Tee auf und gab ihr diesen lauwarm zu trinken. Den Rest zerrieb er mit Butter und trug die Salbe dem Mädchen sanft auf den schmerzenden Stellen auf! „Lieber Gott, lass es wirken!", dachte der Schäfer bei sich. Bisher hatte er das Kraut nur bei sich selbst eingesetzt, um eine Blutung zu stillen oder die Wundheilung zu unterstützen, hatte er sich einmal bei seiner Arbeit verletzt. Den kranken Schafen hatte er es abgeguckt, vor allem den bald Gebärenden. Diese machten sich mit Hochgenuss über jenes Kraut her, dass er bald Schafsgarbe nannte - Garbe, ein altdeutsches Wort, das „Gesundmacher" bedeutete. Gesund machte es das Mädchen auch, so schnell, dass der Vater und alle Heiler es kaum fassen konnten. „Was ist deines Herzens Begehr?", fragte er und reichte dem Schäfer ein Beutelchen voll silberner Taler entgegen. Das war mehr Geld, als dieser in drei Leben verdient hätte. „Mein Herz begehrt nur deine Tochter, sie möchte ich zum Weibe!", sagte der Schäfer und lehnte das Silber entschieden ab und der Vater, der musste sich wohl oder übel fügen.

Weil des Vaters Herz nicht rein war, hatte der Teufel leichtes Spiel mit ihm. „Willst du dem Schäfer die Tochter lassen?", lachte Urian, „So acht' dich kein Mann mehr! Ich aber schaff sie dir herbei. Und wenn du willst, dann wird gemacht, dass niemand mehr über deinen Namen lacht!" – Wie der Pakt geschlossen ward, verwandelte sich Urian in eine wunderschöne Frau mit goldenem Haar, das verspielt deren prächtige Kurven leicht verdeckte. So verstellt machte sich der Höllenfürst auf den Weg zur Schäferlinde, den Schäfer zu reizen und zur Untreue zu bewegen. Der aber roch den Braten, nahm eine Schafsgarbe und sagte zur blonden Versuchung, „Wenn du mich wirklich liebst, kannst du mir sagen, wie viele Blätter an den Kräutern wachsen, die hier auf der Weide stehen!" Da der Teufel, mit seiner unbändigen Zähllust, machte sich als blondgelockte Dirn auch gleich daran, die feinen Blätter zu zählen. Doch immer wieder verzettelte er sich gehörig, vergaß darüber alle bösen Vorhaben und sitzt sicher noch heute und zählt. Der Schäfer nahm währenddessen Gabrielle zur Frau und saß mit ihr tagein, tagaus unter der Linde, sah den Wildblumen beim Wachsen zu, lauschte, liebte und genoss. *(aufgeschrieben in: „Kräutersagen aus dem Harz")*

Beinwell als Reisegesell

Soll nun auch mein Sohn, wie das Großväterchen, der Vater und mein geliebter Gemahl durch die Klinge eines Schwertes sterben?", wehklagte eine Mutter aus dem Flecken Blankenburg, die wieder einmal mit ansehen musste, wie die jungen und alten Männer aller umliegenden Höfe ihr Rüstzeug schnürten. „Ist es denn keinem der Männer unseres Hauses vergönnt, am Lebensabend selbst den Tag zu bestimmen, an welchem man sich auf den Pfad zum Herrn im Himmel macht?", schluchzte sie, worauf die Alte, die hinten im Hause nahe der Feuerstelle am Spinnrad saß, sagte: „Schick' das Mathildchen noch heute zum Grabe meines Oheims nach Veckenstedt, zu dem wir so oft gingen und trauerten. Lass sie schauen, welche Gottespflanze auf dem Totenbett unserer Lieben unter diesem Monde wächst, dann wissen wir mehr!"

Es war ein zwei Tage währender Ritt, von dem die junge Mathilda Freude strahlend nach Hause kam. „Mütterchen, Großmütterchen ... - Seht, welche Pflanze auf dem Grabe stand!" – „Hast du auch vom rechten Grab gepflückt?", fragte die Alte mit Nachdruck, „Du weißt: Das Kraut vom falschen Grab genommen, wird der Schnitter dich holen kommen!" – „Alles rechtens, Großmütterchen!", sagte das Mädchen, "Ich weiß genau, wo unser Ahnherr liegt: Unter der alten Birke, auf dem östlichsten der drei Hügel, auf dem der große Feldstein, der unser Zeichen trägt, noch immer liegt!" - „Dann ist alles Recht und Gott ist gnädig. Sieh Tochter, Mathildchen hat den Beinwell gepflückt. So wird dein Sohn wohl in der Schlacht verletzt, aber mit dem Kraut wieder heil werden und ganz sicher überleben! Lass deine Trübsal fallen, wir wollen feiern, den Göttern danken und auf den Sieg bauen!"

So ritt der junge Mann fürwahr vollen Vertrauens in die Schlacht, sah viele seiner Gefährten sterben, doch kämpfte wacker weiter, trotz mancher Verwundung. So in Gottes Zeichen vertrauend, errang er für seinen Feldherrn den Sieg.

Sein gebrochenes Bein ward mit dem Beinwell versorgt, heilte zusehends und selbst die Heimreise stand unter einem guten Stern. Es heißt ja nicht umsonst: „Trägst du den Beinwell als Reisegesell, liegt auf all deinen Wegen Gottes Segen!" *(aufgeschrieben in „Kräutersagen aus dem Harz")*

Blankenburg im 30jährigen Krieg

Im dreißigjährigen Kriege lagen lange Jahre die kaiserlichen Truppen bei Halberstadt. Um sie mit Lebensmitteln zu versorgen, zogen täglich Reitertrupps mit Pferdewagen durch die umliegenden Lande und nahmen, was nicht niet- und nagelfest war. Oh, wie fürchtete man sich vor dieser Soldateska, denn was man nicht freiwillig gab, ward mit Gewalt genommen. Ein sich widersetzender Bauer ward mit dem Knüppel auf den Kopf gehauen und tot am Wegesrand als Rabenfraß liegen gelassen, der jugendliche Sohn an den Baum geknüpft und der Mutter, wie der Tochter widerfuhr noch weit Schlimmeres. Ich kann's nicht widergeben, ohne dass ein Kloß mir im Halse schwillt.

Ein solcher Tross zog in Blankenburg ein. Zwanzig Reiter, angeführt von einem Quartiermeister, dessen Ruf ihm vorauseilte, forderte vom Ratsherren Andreä, auf der Stelle eine gewaltige Menge Lebensmittel und Pferdefutter bereitzustellen. Als der Ratsherr dem Kaiserlichen sagte, dass es Zeit bräuchte, diese Forderung zu erfüllen, hieb der nicht an Widerrede Gewöhnte auf den Blankenburger ein. Da aber geschah, was niemand erwartete: Der Ratsherr war ein großer und kräftiger Mann und da er niemals zuvor so ehrlos behandelt ward, dachte er nicht lange nach, zog den Quartiermeister vom Pferde und hieb so hart auf ihn ein, dass dieser auf der Stelle tot zu Boden fiel. Von solcher Gegenwehr schockiert, machten die zwanzig Reiter auf der Stelle kehrt und sprengten zurück nach Halberstadt.

Was nun kommen musste, kann Jeder erahnen: Der berüchtigte General von Bode kochte vor Zorn und, um seinen Quartiermeister zu rächen, zog er mit einer starken Abteilung von Reitern und Landsknechten gen Blankenburg, die Stadt mit Feuer und Schwert der göttlichen Gerechtigkeit zu übergeben. Die Blankenburger erwarteten nun voller Bangen die Ankunft der kaiserlichen Truppen, deren Übermacht die Bürger und Stadtknechte nicht im Geringsten gewachsen waren. Um den Untergang, bzw. das „Magdeburgisieren" zu verhindern (so nannte man das völlige Auslöschen einer Stadt, wie es mit Magdeburg am 20. Mai 1631 durch die Kaiserlichen unter Tilly geschah) und dem Strafgericht zu entgehen, versuchten es die Blankenburger mit einem Bittgang.

Alle Geistlichen der Stadt, voran der Kirchenälteste sowie der Ratsherr Andreä, zogen dem Kriegshaufen entgegen und warfen sich bei Langenstein vor den Kaiserlichen untertänig zu Boden. Man möge die schöne Stadt verschonen, baten die Geistlichen. Als der General wissen wollte, wer der Kirchenälteste sei, weil er das Gesicht von irgendwoher kenne und er dessen Namen vernahm, da blitzte ein frommes Lachen auf seinem sonst so knitterbitteren Gesicht den Buße-Tuenden entgegen. Im Kirchenältesten erkannte der General doch tatsächlich den Lehrer seiner Jugendjahre wieder. Allein diesem Umstand verdankte Blankenburg, dass von der Bestrafung nicht nur abgesehen, sondern auch verkündet wurde, dass kein Blankenburger bedrängt oder bestohlen werden dürfe. Alles benötigte Gut, solle auf Heller und Pfennig bezahlt werden, Zuwiderhandlungen würden schwerste Bestrafung erfahren.

Von seinen Sorgen befreit, lud der Stadtrat nun den General und dessen Offiziere zu einem Gastmahl ein. Es war ein lustiges Gelage, bis plötzlich die Türe aufschwang und in den Saal gerufen ward, dass ein Kaiserlicher einem Blankenburger Bauern einige Würste gestohlen habe. Hierauf forderte der General die sofortige Hinrichtung seines Soldaten. Nun war es an den Ratsherren und dem beklauten Bauern, die darum baten, das Leben des Diebes zu verschonen. Der General entsprach der Bitte und zog am nächsten Morgen mit seiner Soldateska ab – ein wunderbarer Zufall hielt den Teufel dieses Mal von Blankenburg fern – so ist es, wenn Gott die Hand über etwas hält! *(aufgeschrieben nach Oelsner)*

Die Wilhelm-Raabe-Warte

*L*iebster, was zeichnest du da ...? Aber du weinst ja! ... Was ist mit dir?", fragte die ins Alter gekommene, aber mit all ihren Falten noch immer bildschöne Frau ihren Mann Wilhelm Raabe, der eben zu Füßen des neu errichteten Kaiserturms sein Ölgemälde vollendet hatte. „Was sind das für seltsame Kutschen?", fragte Berta weiter. „Das sind Kanonen von Pferden gezogen!", antwortete Wilhelm. „Und diese schwarzen, großen Vögel hier?" – „Das sind fliegende Metallapparate die über ganze Städte flammende Vernichtung bringen!", sagte der Maler und atmete schwer. „Und dieser große Sonnenpilz?" – „Ich weiß es nicht, ... ich weiß nur, dass mein Atem stockt und mir die Tränen in die Augen schießen, wenn ich ihn betrachte. ... Ich weiß nicht, was ich malte ... ich träumte und der Pinsel in meiner Hand, wanderte, wie er wollte!", flüsterte Wilhelm, wurde wütend, riss die Staffelei um und trat auf das Gemälde ein. „Liebster", weinte Berta plötzlich auf, "Du machst mir Angst!"

„Angst macht mir dieser Kaiserturm, zu Ehren Wilhem II., liebste Berta!", schluckte der Mann, „Zu Ehren des Kaiser Wilhelms, der unser deutsches Reich zu einer militärischen und industriellen Weltmacht verwandeln will. Überall sehe ich nur noch Uniformen, höre nur noch Gleichschritt. Die Menschen glauben heute einzig an den Fortschritt und die Technik. Welchen Wert hat denn noch die alte Geborgenheit von Mutter Natur und die Liebe?" – Berta weinte nun auch, niemals zuvor hatte sie ihren Gemahl so verzweifelt gesehen. „Meine wunderschöne Frau, ich habe Angst vor dem großen Krieg, der sich unserem schönen Land mit Sturm und Donnergrollen unausweichlich aufdrängt. Die Welt ist nicht bereit, für solche Bilder wie dieses, denn sieh: Was ich male, sind gebundene Energien, die das anziehen, was ich befürchte!" und mit diesen Worten weinten sie beide und lagen sich noch lange Zeit in den Armen, bis sich der Himmel wieder auftat:

„Nun ist es vorüber, nun ist es gescheh'n,
Die Donner verrollen, die Wolken verwehn.
Es leuchtet, es blitzet, die Wiese, der Wald.
Was eben noch dunkel, wie hellt's sich so bald! …
Nun ist es geschehen, nun ist es getan!
Es war ja ein Traum nur, es war nur ein Wahn!
Wie leuchtet die Sonne mit glänzendem Schein,
Über Berg, über Tal, ins Herz mir hinein!"

Die großen Kriege, welche die ganze Welt im Mark erschütterten und die Wilhelm Raabe vorhergesehen hatte, erlebte er nicht mehr. Er starb 1910 und hatte in seinen 50 Schaffensjahren nicht nur unzählige Gemälde erschaffen, sondern auch 68 Romane, Erzählungen & Novellen, sowie unzählige Gedichte verfasst. Wilhelm Raabe gilt als einer der ersten Autoren, die sich neben dem Thema der Gesellschaftkritik mit der drohenden „Umweltverschmutzung" beschäftigten. Ihm zu Ehren wurde der 22 Meter hohe Kaiserturm auf dem Eichenberg über Blankenburg nach den Kriegen in „WILHELM-RAABE-WARTE" umbenannt! (aufgeschrieben nach Raabe)

Ein Gott zu Gast im Ziegenkopf

*E*inst war es schon dunkelste Nacht, das Gasthaus über Blankenburg hatte schon lange geschlossen und nur der eisige Sturmwind zog noch durch die kleinsten Ritzen an Fenstern und Türen ein und aus. Da donnerte es über den Harzer Bergen und ein Blitz schlug in die dicke Eiche neben dem Wirtshaus ein.

Da donnerte es wieder ...! Nein, es war eher ein Pochen, aber markdurchdringend, so dass es die schwere Eichenholztür des Gasthauses erbeben ließ. Da das ohrenbetäubende Klopfen auch anhielt, erhob sich der Wirt wutschnaubend von seinem Lager, nahm den Schürhaken vom Kaminsims und stapfte noch halb träumend zur Tür. Er drehte den schweren Eisenschlüssel im Schloss, riss die Pforte auf und wollte schon losschnauzen, als ihm die Worte im Munde stecken blieben. Vor ihm stand eine große, lichtvolle Mannsperson mit goldenem Haar, die wallend auf breiten Schultern lagen.

Die muskulöse Brust des Fremden war nur umsäumt von einem roten Mantel. Ein gewaltiger Hammer ruhte in den mächtigen verschränkten Armen des Störenfrieds, hinter welchem der Wirt ein Ziegengespann ausmachte. „Was'n hier los, iss Fasching?", platzte es jetzt doch aus dem, um den Schlaf gebrachten Gastwirt heraus. - „Ich bin Thor!", sagte die fremde Gestalt. „Na sicher doch! So wie der Gott?", fragte der Wirt. „Genau dieser bin ich und fordere Gastrecht in deinem Haus!", sagte der Gott, fügte aber, als er das grimmige Gesicht des Wirtes sah, beschwichtigend hinzu: „Nur keine Bange, Mensch, musst mir nichts auftischen, ich werde meine Ziegenböcke schlachten. Die werden wir uns schmecken lassen und morgen, legen wir alle Knochen auf einen Haufen. Dann lasse ich sie mit meinem Hammer wieder auferstehen! Das kennen die schon, sind's gewöhnt!"

„Meckmeckmeck", protestierten Zähneknisterer und Zähneknirscher laut, die Ziegen Thors, die bei diesen Worten ganz und gar beleidigte Gesichter zogen. „Och, sind die süß!", rief da eine helle Frauenstimme dazwischen, stürmte an den beiden verdutzten Mannspersonen vorbei und herzte die vor dem Gasthaus stehenden Tiere. „Nur keine Furcht ihr Lieben, von den Frechen da drüben, wird euch keiner an den Kragen gehen!", sagte die junge und überaus hübsche Tochter des Wirtes, die jetzt mit blitzenden Augen Thor ansprach „Es ist eine Torheit den armen Tieren jeden Abend ein Leid anzutun, ich tisch dir was Süßeres auf, und sie sollen sich ausruhen, hörst du?!" Niemals zuvor war der Gott so angesprochen worden …, doch ihm gefiel dieser übersprudelnde Quell kesser Lebenslust …, und als die langhaarige Schönheit ihm die süße Köstlichkeit des Hauses, mit einem noch viel süßerem Lächeln auf ihren vollen Lippen vorsetzte, da war er dem Himmel noch näher als sonst.

Und, weil an diesem Abend die Ziegen ihren Kopf behielten, nannte man das Gasthaus später „Ziegenkopf". Die süße Köstlichkeit, die selbst den Himmelsgott Thor noch in Verzückung versetzte, wird noch heute jedem Besucher ans Herz gelegt: Es ist der Riesenhefekloß – der „größte Hefekloß der Welt" – in unzähligen süßen oder herzhaften Varianten!

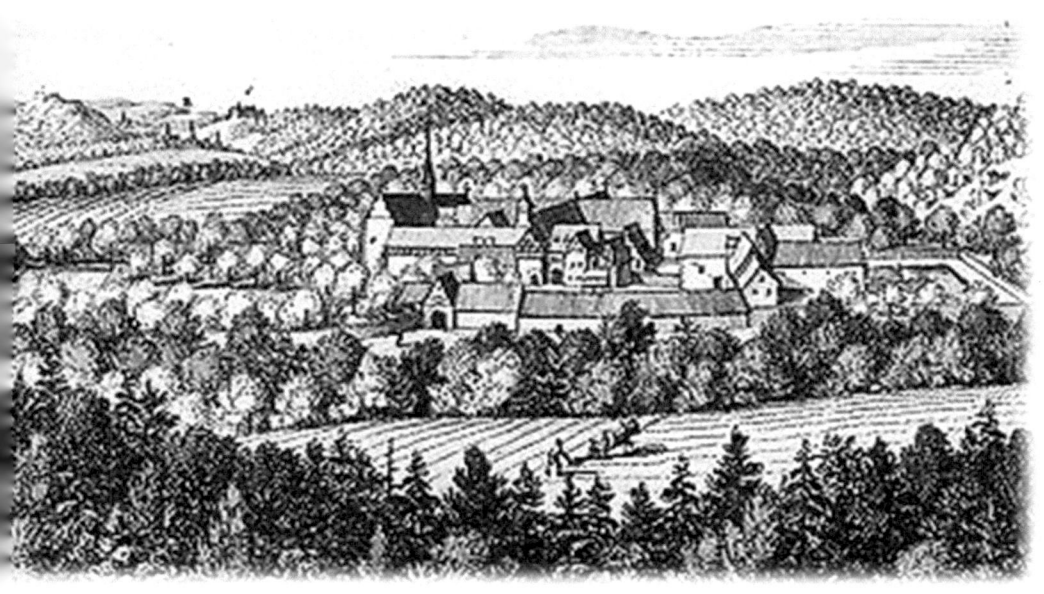

Sagen vom Volkmarskeller & dem Kloster Michaelstein

Der Kuhstein

Zwischen Blankenburg und dem Kloster Michaelstein liegt der Kuhstein, ein Fels von ganz sonderlicher Gestalt. Eine Grotte ist hinein gehauen, keiner weiß von wem, ein Portal in die Anderswelt. Vorsicht sei aber angeraten, hinein und hindurchzutreten, denn die unterm Kuhstein lebenden Erdgeister narren all Jene, die nicht würdig sind, zwischen den Welten zu wandeln.

In der Grotte selbst liegen hunderte von bunten, betörend glitzernden Kieseln, mit denen die Erdgeister zum Zeitvertreib spielen. Öfter ist es vorgekommen, dass sich Wanderer einige davon gierig in die Taschen steckten. Nach einigen hundert Metern aber waren die Taschen wieder leer. Die Erdgeister hatten sich ihre Spielzeuge klammheimlich zurückgeholt.

Bald hörte ich, war es ihnen leid, von den Menschen ungefragt bestohlen zu werden, so dass sie die Sinne der Wanderer vernebelten, waren sie durch Zufall in die Nähe des Felsens geraten. Nur so kann es angehen, dass sich in den letzten hundert Jahren niemand mehr zum Kuhstein fand.

(aufgeschrieben nach Kahlo)

Volkmarskeller

"Wo kann man heute noch ein gottfrommes Leben führen? Ach, die Welt um mich herum ist hektisch und laut. Verworren sind die Intrigen und die Spiele derer, die nach Macht und Reichtum und unvergänglicher Schönheit suchen – das ermüdet mein Herz. Wie Vögel im goldenen Käfig, gieren sie nach immer mehr goldenem Tand. Ja, ohne zu merken, dass es das Golde ist, was sie gefangen nimmt und der Platz im Inneren immer enger wird. Nicht mit mir! Ich möchte Gott sprechen hören und Gottes Schönheit in den Dingen sehen lernen, doch wo? Wo nur, wo?" Volkmar grübelte und immer wieder zog es ihn aus den Menschenansammlungen der Städte und Schlösser in die Waldeinsamkeit des rauen, großen Harzwaldes. Dort auf einer ziemlich hohen Klippe, unter welcher ein schöner heller Brunnen hervorquillt, entschloss er sich, ein strenges Leben in Fasten und Beten zu führen und es der Klausnerin Liutbirg von Wendhusen gleichzutun.

Stille Brüder begaben sich zu ihm und versuchten die gleiche Lebensart seines frommen Dienens. Den Spenden der umliegenden Gehöfte zum Dank, blieb man am Leben und nach und nach gereichte das karge aber strebsame Dasein Allen zum leiblichen und seelischen Wohl. Man betrieb Fischfang und schönste Marmelsteine wurden gebrochen und bald erwuchs in der einstgen Wildnis ein kleines Kloster. Schon stand auf den Höhlen der Einsiedelei eine neue Kapelle.

Die Mönche meinten, das Grabmal der Jungfrau Maria oder zumindest einige ihrer Reliquien in Besitz zu haben, die Heinrich der Vogler einst gestiftet hatte und die Menschen strömten zu Aberhunderten in den Wald nah der „Blanken Burg". Stetig wuchs die Schar der Pilger und der „Volkmarskeller" bekam den Ruf, Stätte des ewigen Heils zu sein

Doch allem Guten wohnt des Teufels Funken inne! Bruder Volkmar betrachtete die dunkle Macht, die stetig zunahm, mit Sorge. Noch überwog die Kraft der Dankbarkeit, die er in sich spürte, da er meinte, an Gottes lichter Schöpfung mitzuwirken. Als aber die Mönche mehr und mehr in Zwietracht darüber gerieten, wer denn als neuer Abt des Klosters einzusetzen wäre, sah er die bisher finsterste Stunde gekommen. Viele Brüder meinten, Volkmar müsse ihr Hirte werden und selbst sah er, wie sich Stolz in sein friedvolles Herz einzuschleichen versuchte, um dort feste Wurzeln in den dunklen Tiefen des Egos zu schlagen.

So lehnte er die hohe Bürde ab, um die sich gleich drei Andre schlugen. Der Tugendhafteste sollte der Klostervorsteher werden, worauf die Mönche sich mit neuen Regeln überschlugen. Ein Weib zum Beispiel, trage den Keim der Verführung und Sünde in sich, weshalb eine solche Teufelsbuhlerin nicht einmal angesehen werden dürfe.

„Wer alle Zeit von Regeln spricht, hat nur Tabus vor Augen. Wer scheut der Frauen Angesicht - verschließt sich auch vor Gottes Licht - kann nicht zur Liebe taugen!", sprach Volkmar lächelnd und setzte hinzu: „Ein hilfesuchender Mensch, gleich ob Mann oder Frau ist ein Kind Gottes. Ist es eine Sünde unsere Schwester Liutbirg anzusehen? Mir wird noch jetzt warm ums Herz, wenn ich mich ihres Blickes erinnere. Duldet ihr die Jungfrau Maria in unsrer Kapelle nur, weil ihr Körper tot und verwest ist und sie eure Gelüste nicht mehr anzusprechen vermag?" Böse Blicke erntete Volkmar von all denen, die sich um die höchsten Ränge im Kloster stritten. Er spürte nahezu, wie das Licht aus der Kapelle wich, wie Gottes Lächeln schwieg und die heiligen Kutten zu Fassaden dunkler Schatten wurden. Am selben Tag verließ er den Ort, nur um noch tiefer in den Wald zu ziehen.

Wenige Jahre dauerte es, dass sich die „frommen Mönche" eines Besseren besannen: „Eure Halberstädter Eminenz, durch die Wirren der Kriegszeit sind unsere geistlichen Brüder höchst beunruhigt. Räuber und Buschklepper haben unseren lieben Harzwald sehr unsicher gemacht. Auch ist es durchaus nicht zu akzeptieren, dass schwache Heilsuchende einen so entlegenen Wald mitsamt seinen hohen, rauen und unfruchtbaren Klippen erklettern müssen. Wir ersuchen euch daher um Erlaubnis und Unterstützung, ein zwischen Blankenburg und Heimburg vor dem Harzwalde gelegenes Gut, Evergodesrode genannt, zu unsrer neuen Wohn- und Beetstatt umzumünzen." Der Halberstädter Bischof gewährte dies nach einer Einigung gerne und war voller Trauer, als er erfuhr, dass Bruder Volkmar von Buschkleppern verschleppt und sicher längst getötet worden war. „Äußerst tragisch!", lallte er, ohne den goldenen Weinkrug abzustellen.

Bruder Volkmar aber, der zog mit den „Buschkleppern", Verstoßenen und armen Heimatlosen in den leerstehenden Volkmarskeller zurück. Dort lehrte er noch Jahre das Prinzip des „Kommens und Gehens" und, was dies mit dem „Glücklich- oder Bei-Gott-sein" zu tun hätte. Warum man diese vornehme Behausung aufgab, fragten die Klausner immer wieder, die sich in den schlichten Kellerräumen sitzend reich beschenkt fühlten.

„Ich denke, die hohen Mönche waren selbst nur zu müde, mit ihren Füßen zu beten und Gott auf den hohen Bergen nah zu kommen. Unten im Tale ist man nur den Ablenkungen näher und den Weibern, die sie predigend verteufeln und nach denen sie sich im dunklen, einsamen Kämmerlein so schmerzlich verzehren." *(aufgeschrieben in „Kräutersagen aus dem Harz")*

Der Eremit & das Mädchen

„Einst still ein einsam Mädchen, den kahlen Berg erklomm,
weil Urd am Schicksalsrädchen, ihr diesen Faden sponn.
Sie soll vom weisen Greisen, der jeden heißt Willkomm,
die Weisen nehm' auf Reisen, verbreiten unter Sonn'!"

*V*or vielen hundert oder waren es gar tausend Jahren, lebte in der Höhle über Blankenburg, die man heute Volkmarskeller nennt, ein Eremit, der nichts mehr mit der Welt dort unten zu schaffen haben wollte. Sie war ihm zu laut geworden, zu schnell und die Menschen, das war ihm das Schlimmste, waren mehr an Gold und Macht interessiert, als an einem kraftvoll, strahlendem Herzen! In jener Zeit mieden die Harzer die Gegend des Eremiten, denn sah man ihm einmal in die Augen, dann kam einem das gewohnte Leben seltsam sinnlos vor. All der Glanz von Kleidung, Geschmeide und der Wert des Goldes, alle Wünsche nach Ansehen, nach Würden und mächtigen Besitzungen verblasste und wirkten wie leere Hüllen bitter nach. Die Ärmsten und Besitzlosen aber die fühlten in seiner Nähe einen Reichtum, dessen sie niemals zuvor gewahrten.

So kam denn jener Tag, als sich ein stilles Mädchen,
das gerad erst elf Sommer gesehen, sich zu keiner Sippe zählte
und nicht einmal Schuhe besaß, hinauf zum Alten verirrte.
Lächelnd nahm er sie zu sich und wärmte sie unter dem Mantel,
erzählte mit seinen Augen, so manche Geschichte vom Leben,
und die Kleine verstand es zu lauschen, mit ihrem Herzen dem Großen.
Und oft ging sie 'nunter ins Städtlein, ihm Brot und Früchte zu bringen.
Er spürte sie schon von Weitem und hörte ihr fröhliches Singen.
Sie spürte ihn ebenso um sich, in sich in allen Dingen
und Beiden erschloss sich leuchtend, dass die Nornen die's Leben weben,
längst so die Fäden verwoben, dass ewig sie Herz an Herz hingen.

Eines Tages aber war die Zeit des Abschieds gekommen. Der Alte flüsterte es dem Mädchen ganz behutsam ins Herz, doch der Ruf zu Gehen, ward dort lang schon zugegen.

Ein letztes Mal sahen sie sich also in die Augen – eine Liebe ward dort aufgeblüht, die kaum von dieser Welt sein konnte – und beide wussten, sie würden sich in diesem Leben nimmer wiedersehen. Sein Kuss auf ihrer Stirn wirkte noch lange nach. Sie trug ihn voller Würde und durch allen Schmerz und ging von Ort zu Ort, jene Geschichten, die sie im Volkmarskeller erfahren hatte, unter die Menschen zu bringen. Sie war die erste Erzählerin unserer Berge, sang die alten Weisen, flüsterte von den alten Göttern und Meistern, verkündete die Wetter und lachte aus den Augen, lebte und starb …!

Viele hundert Jahre später aber ward eine Frau mit eben diesen Augen neu geboren worden und, wie sie einen Mann traf, der auch die Augen des Eremiten hatte, da leuchtete alles wieder auf. Da entflammte der alte Schmerz und auch neuer Mut, der Mut nämlich, den sie bitter nötig hatte, alte Steine loszulassen. Noch immer wog die Schuld auf ihrem Herzen schwer, den weisen Greisen sterbend in der Höhle zurückgelassen zu haben. Sie wusste freilich, dass sie beide sich einst so entschieden und doch keimten immer wieder Zweifel. Zweifel, welche ihre Augen hinderten, so zu leuchten, wie es einst normal gewesen. So fasste sie ihn an die eine Hand, fasste den nötigen Mut an die andere und ging nach all den Jahren … und vergangenen Leben noch einmal in die Höhle …, sich weinend und lachend ihr Lichtgewand zurückzuholen. – Ich weiß, es ist ihr gelungen, habe ich doch schon in ihre tiefliebenden Augen geblickt!

Leberblümchen

Es würde ein sonnengeküsster Tag werden, versprach der Himmel, doch Maria interessierte das wenig. Seitdem sie beim Osterfeuer des kleinen Städtleins Blankenburg gewesen war und dort aus dem Nichts heraus der Wind aufpeitschte und ihr die Glut mitten ins Gesicht geworfen hatte, war ihr nichts mehr wichtig.

Ihr liebliches Antlitz, um das sie die Mädchen der umliegenden Orte immer beneideten, mit dem sie so manchen lustvollen Blick stolzer Männer erntete, hielt sie seitdem verborgen. Böse Brandnarben verschandelten es bis zu jenem Tage. Schlimmer aber war, dass eines ihrer Augen Licht eingebüßt hatte. Der Medicus war extra für sie zum Eggeröder Brunnen gereist, ihr Auge anzusehen, konnte aber nur schlechte Kunde geben: „Blind wird's für alle Zeiten bleiben!"

An diesem Frühlingstage war Maria ausgeschickt worden, vom Kloster Michaelstein Allerlei herbeizuschaffen, nachdem sie ihre selbstgebundenen Besen verkauft hatte. Auf dem Weg aber kam sie wie gewöhnlich am Volkmarskeller vorbei und hielt dort inne, als sie ein kleines blaues Blümelein am Wegrand stehen sah. „Was bist denn du für eins?", fragte sie frei heraus, als ob die Blume ihr Antwort geben könnte. „Menschen heißen mich ein Leberblümchen!", hörte sie raunen und erwachte nun vollends aus den dichten Nebelschleiern ihres Geistes. Maria überlegte kurz. Hatte sie nicht ihre Großmutter oft vom Lederblümchen erzählen hören? Doch, ja! Es gab viele Wundermärchen von der Blauen Blume, auch jene: „Blümelein bitte sag, ist es so, wie ich hörte? Isst man drei Leberblümelein, würde man seine Schönheit ein ganzes Jahr bewahren, man würde wieder schön werden? Bekomm' ich zurück, was ich verlor? Bitte sag, wird mein Antlitz - durch dich - wie zuvor!"

„Doch, so sagt man, Kindlein mein!", raunte die Blume und Marias Herz wollte schon vor Freude zerspringen. „Doch soll ich für deine Schönheit gebrochen sein?", fragte die Blume weiter. „Auch zwei meiner Schwestern willst du töten, für deine roten Wangen; willst sie reißen, ohne zu erröten?" Da wurde Maria unsagbar traurig und im gleichen Maß, wie sich ihr Geist verdunkelte, verdunkelte sich auch der Himmel. Schwere Wolken hatten sich über dem Tal zusammengeschoben und quetschten sich, so dass man es schon deutlich grummeln hören konnten. Ebenso grummelte es in Marias Oberstübchen.

Es reizte sie, die Blumen zu pflücken, ihren Tod in Kauf zu nehmen, um ihr Glück zu machen. Gleichzeitig schlug ihr der Gedanke gehörig auf die Leber. Nein, sie könnte es sich nimmer verzeihen, drei Schwestern zu töten. Wie schön könne man sich ferner fühlen!

„Bitte verzeih'", sagte sie zum Leberblümchen, „Dass ich erwog, dich ungefragt dem Boden zu entreißen. Durch meine Hand wird dir kein Leid geschehen!", versprach sie, als ganz Sonderliches geschah: Direkt über ihr, brach der Himmel auf, die Sonne schob sich einen Spalt durch die dicken Wolken und deren Strahlen benetzten ihr Antlitz. Gleichzeitig aber fiel ein sanfter Regen, der ihr sanft – Tropfen für Tropfen – das Gesicht reinwusch. Maria schloss die Augen und genoss. Lange stand sie so da, ihr Gesicht gen Himmel haltend, ein Lächeln auf den Lippen und wie sie ihre Lieder aufschlug, da sah sie vor sich einen Regenbogen. Ja, sie sah aus beiden Augen, wie das eine Ende des Regenbogens direkt auf eine Leberblümchenwiese fiel. Und wie sie bemerkte, dass sie aus dem blinden Auge wieder gucken konnte, da dankte sie es den Leberblümchen tausendmal! *(aufgeschrieben von Kiehne in: Kräutersagen aus dem Harz)*

Wie das Kloster Michaelstein entstand

$\mathcal{E}$s ist kein Wunder, dass du den Namen Michael trägst, gleich unserem Erzengel Michael, der einst den Teufel besiegte, in dem er ihn vom Himmel auf die Erde hinunterstürzte und nachdem wir unsere Klause benannten.", sagte der Abt zu dem einfachen, jungen Mönch der am Volkmarskeller inmitten seiner Brüder stand. „Einst beschloss das Generalkapital, dass kein Kloster in befestigten Orten und Dörfern gebaut werden dürfe, weshalb wir tief in jene Wälder zogen. Doch hier, in diesem dunklen Tal, hausen die Unholde noch heute, weshalb uns Mönchen nichts gelingen will: Der Berg gibt kein Erz, der Bach keinen Fisch, der Wald kein Wild – es ist wie verteufelt.

Darum - Michael - sollst du, der sich allzeit bewährt hat, bei dem auf der Liste unseres Erzengels nur tugendhafte Taten verzeichnet sind, unseren neuen Grundstein tragen und legen. Möge es der Erzengel Michael, der heilige Seelenwäger, mit Freude sehen und seinen Segen drauflegen."

Da bekam der einfache Mönch Michael einen besprochenen Stein aus dem Heiligen Land in die Arme gedrückt und sollte damit talabwärts gehen, eben so lange und so weit, wie es seine Kraft zuließ. Dort, wo der Stein zu liegen kommen würde, sollte das neue Kloster entstehen. – Nur mit Gottes Hilfe vermochte es der Mann, den schweren Stein bis hinunter ins Tal zu schleppen. Dort erwachte gerade die Sonne, freundlich und golden, so wie es der Mönch im tiefen Walde niemals gesehen hatte. Da nannte Michael den Bach, an dem er stand, „Goldbach" und setzte seinen Stein behutsam zu Boden, worauf man an Ort und Stelle das Kloster Michaelstein neu erschuf. Vor allem der Fischzucht wegen, erlebte der „Michaelstein" bis heute goldene Zeiten. Auch den heiligen Stein kann man bis heute bewundern, fragt den Pächter des „Klosterfischers", wenn ihr eines seiner vorzüglichen Fischgerichte genießt - er wird es euch zu sagen wissen!

Hans & Hennig Mönch

O h, was trieben es Mönche weit im Kloster Michaelstein? Sie horteten Reichtümer, lebten in Saus und Braus und vergaßen all ihre Pflichten gegen die armen und leidgeplagten Menschen so, dass es den Herrgott ärgerte. Wie er Warnung über Warnung ausstieß, die allesamt ungehört verhallten, ließ er ein großes Unwetter über das Kloster kommen: Schwere Gewitterwolken verdunkelten den Tag, der Himmel grollte und Blitze zuckten hernieder. Drei Tage und Nächte regnete es durch, wovon der Bach, der längst zum wilden Fluss angewachsen war, die Teiche überflutete. Alle Dämme brachen. Die Karpfen schwammen frei und fröhlich durch die von Blitzen getroffenen und trotz der Sintflut brennenden Vorratsscheunen und Weinkeller.

All die Brüder ertranken oder kamen in den Flammen um. Nur zwei Mönchen, die züchtig lebten, war Gott vor dem Unwetter im Traum erscheinen: „Hans und Henning, rettet euch, doch seht euch beim Fortgehen bloß nicht nach dem Kloster um!" Sie waren den Fluten um Haaresbreite entkommen.

„Blickt nicht zurück!", hatte Gott ihnen befohlen. Wie es aber ohrenbetäubend donnerte und der erste Blitz im Kloster eingeschlagen sein musste. Sie konnten nicht anders, als zurückzuschauen und sahen zu Tode erschrocken, wie furchtbar Gott ... oder waren's die Naturgewalten unten im Kloster wüteten! In dieser Sekunde blieben ihre Herzen stehen, worauf sich ihre Leiber ganz und gar verhärteten. Noch heute stehen sie zu Säulen versteinert nahe dem Kloster.

$\mathcal{E}$iner anderen Sage nach, soll das aufrührerische Volk im Bauernkriege 1525, Verursacher des Untergang der Klosterkirche gewesen sein. Vorm Ansturm des wütenden Mobs, flohen die braven Mönche in den Wald. Hans und Henning aber gaben nichts auf die Warnung des Abtes, schneller zu laufen, nicht zurückzublicken. Sie verharrten und sahen ihre Kirche brennen, was sie zu Stein erstarren ließ.

Immer ist es die Angst, so sagen die Sagen, die uns erstarren lässt. Vielleicht aber, steckt eine noch viel tiefere Wahrheit in jener alten Geschichte? Oben auf dem Hans Mönch nämlich, ist ein Art Sofa in den Felsen gehauen. Das sieht man öfter im Harz: Auf dem Regenstein z.B., oder auf dem Kamelfelsen bei Westerhausen. Solche „Schlafstätten" könnten der Himmelsbeobachtung gedient haben: An besonderen Tagen, lagen dort der Hohepriester unserer Ahnen, beobachtete die Sterne und schlief. Wehe, er hatte schlimme Träume, bedeuteten solche Albträume doch womöglich, dass böse Zeiten bevorständen. *(aufgeschrieben nach Sander & Körner)*

Die Zwerge unterm Kreuzgang

$\mathcal{D}$er Mönch Michael, der den ersten Stein ins Tal schleppte, wurde der erste Abt des Klosters Michaelstein, denn die Alten sahen wohl, dass dem jungen Mann alles gut gelang, ganz gleich, was er in die Hände nahm.

Er veredelte den Wein und die Obstsorten, verbesserte die Fischzucht, wusste wie kein anderer mit Heilkräutern umzugehen, weshalb das Kloster bald den besten Kräutergarten weit und breit besaß! Das kam daher, weil er ein heimlicher Freund der Zwerge war, welche alles mit Geschick zum Besten wendeten. Dafür durften sie auch weiterhin in den Höhlen unterm Kreuzgang des Klosters wohnen und wurden von Michael mit Brot und Wein versorgt. – Der Prior, Stellvertreter Michaels, aber sah mit großer Missgunst auf die kleinen Helfer herab, schimpfte sie als Dämonen und achtete sie auch sonst gering. „Höre Abt", sagte er einmal zu Michael im Vertrauen, „du wirst dich einmal vorm Heiligen Vater im Himmel erklären müssen, warum du hier auf Erden mit Satans Brut umgehst, als wären's deine Brüder. Ich frage mich auch, was würde der Bischof sagen, wenn er's wüsste?" – „Was willst du sagen, Prior, sprich?", fragte Michael, dem längst klar war, dass es um sein Amt im Kloster ging. Doch, was sollte er tun. Das, was er tat, den Elementargeistern zu opfern, galt in den Augen der Kirche als Ketzerei … und abstreiten oder erklären, konnte er's nicht. So nahm er noch am selben Abend Abschied von der Amtswürde, seinen Brüdern und seinen kleinen Freunden … und bald ward der Prior neuer Abt von Michaelstein!

Als die Zwerge nun kein Brot und Wein mehr bekamen und auch nicht mehr geduldet waren, zogen sie aus dem Kreuzgang heraus. Als der letzte Zwerg aber den Klostergrund verließ, fiel das Bildnis des heiligen Michaels von der Dachecke des Klosters herunter und zerschellte am Boden in tausend Teile. Da fanden die Ochsen im Stall fortan keine ruhige Nacht, die Fische laichten nicht mehr und alle Saat auf den Feldern verkümmerte. In kürzester Zeit war unter dem neuen Abt all der Reichtum des Klosters verblasst, den der gute Michael zuvor in vielen Jahren zu mehren wusste. Da hielten die Mönche Rat und forderten den neuen Abt auf, abzudanken, was der auch tat, worauf er die Welt verfluchend einsam starb. So selbst verwunschen, spukte er viele Jahrzehnte ruhelos in den Klosterkellern, aus denen er vorher die Zwerge vertrieben hatte, und drehte Jedem den Hals um, der sich nächtlich heimlich am Wein vom Michaelstein gütig zu tun versuchte. Seit sicher hundert Jahren ist der Wein alle, weshalb man den Geist nicht mehr sieht. Ist das vielleicht der Grund, weshalb im Michaelstein niemand mehr Wein zu gewinnen wagt? *(aufgeschrieben nach Pröhle)*

Das Teufelsbad beim Kloster Michaelstein

Jm düsteren, schattigen Tal, in dem einst das Kloster Volkmarskeller gestanden hat, lag vor sicher eintausend Jahren das einsame Jagdschloss des Grafen von Blankenburg. Hier lebte er mit seinem Gefolge und seinem einzigen Töchterlein, das so schön war, dass jeder Edelmann sie zur Frau begehrte.

Allein sie vergrämte einen Jeden, wollte sie sich doch nur an jenen Mann verschenken, der sich mit ihrer Schönheit messen könne. Eines Tages war sie mit ihrem Vater und dem Gefolge zur Jagd ausgeritten und sah vor sich einen kapitalen Hirsch, dem sie allein nachjagte, immer tiefer und tiefer ins Moor hinein. An einer Stelle da die Gebirgsbäche zu einem großen See zusammenliefen, verlor sie die Spur des Tieres, sah aber dort, eben wo das Wasser einen Felsspalt tief hinunterstürzte, einen jungen Jäger liegen. Der schlief, scheinbar ermattet von der Jagd, gefährlich nahe des Abgrundes und drohte, in den Fluten verloren zu gehen. Gleich sprang sie vom Pferd, rannte, dem Mann zu Hilfe zu kommen und zog ihn mit aller Kraft fort von der Kluft. Der Jäger erwachte, wie aus einem bösen Traum gerissen, sah die Holde über sich, lächelte süß, zog sie mit einem Satz zu sich auf den Boden und dankte ihr die Rettung mit einem warmen Kuss.

Oh, wie wurden der Holden da die Hände feucht und die Knie weich. Diejenige, die bis dato alle Männer gleichen oder höheren Standes abgewiesen, ließ sich von einem Mann des Volkes auf der Wiese besiegen. Heißblütig erwiderte sie den Kuss, auf den noch hundert Küsse folgten und schwor dem Fremden zur gleichen Stunde inbrünstig ihre Liebe: „Lauf mit mir fort, ganz gleich welcher Ort, solange ich dort mit dir lebe!"

Im gleichen Moment aber stand der Graf hinter Beiden und forderte Aufklärung, weshalb sein Töchterlein auf dem Schoße eines Jägerlümmels sitzt. „Er hat mich soeben vorm Abgrund gerettet!", flunkerte sie süß. „Also doch ein wahrer Ritter?", fragte der Vater besänftigt und schloss seinen Satz: „So soll der Recke mit aufs Jagdschloss kommen, um deine Verlobung zu feiern. Deine Hand ist dem Stolberger versprochen." – Da ward die junge Frau kreidebleich, ließ sich von der Dienerschaft aufs Pferd setzen und Alles trabte gemütlich dem Jagdschloss zu. Wie in Höhe des Kloster Michaelsteins den Reitern aber ein Mönch mit Rosenkranz entgegenkam und einen Jeden des Zuges segnete, da verzog der Jäger sein Gesicht, als würde er gefoltert werden, sprach zum Mädchen: „Jetzt oder nie!"

Ohne zu überlegen, ließ sich die Grafentochter aufs Pferd des Fremden ziehen – das unbekannte Schicksal ist sicher besser, als alles, was ihr mit dem Stolberger blühte – der drehte sein Ross und jagte lachend zurück zum See. Zu spät erst sah der Graf, dass seine Tochter fortgeführt worden war und viel zu spät, hatte er auf die dunkle Ahnung seines Herzens gehört. Mit diesem Jäger stimmte etwas nicht, das wusste er vom ersten Augenblick! Das spürte nun auch das Mädchen, denn es konnte nicht vom Reitwind kommen, dass ihr das Herz in der Brust gefror. Vielmehr waren es die bösen Züge des vermeintlichen Geliebten, die ihr Angst und Bange machten. Immer schneller ging der Ritt, am Ufer des Sees vorbei, hin zu den tosenden Wassern, die vom Felsen in die gespenstige Tiefe fielen und im Höhlenloch verschwanden. Hierher trieb der Jäger das Pferd, zeigte kurz vorm Loch sein wahres Angesicht – es war der Teufel selbst, dem sie sich küssend versprochen – und ließ sich mitsamt der Schönen von der eiskalten Dunkelheit verschlucken. Noch heute soll sie in seinen Klauen am Grunde des Sees harren und ihre Gelüste bereuen. „Wer nur nach irdener Schönheit giert, den hat der Teufel bald verführt!" *(aufgeschrieben nach Grässe)*

Spuk im Mönchsmühlenteich

*D*er Graf zu Blankenburg, der sein Töchterlein an den Teufel im Mönchsmühlenteich verloren hatte, versuchte alles, um es dem Bösen wieder zu entreißen. Manche sagen, dass die Mönche Hans und Henning vom Michaelstein bestellt wurden, zum Teufelsloch zu pilgern und dort die Messe zu lesen.

Niemand wagte sich in jener Zeit ans Ufer des grundlosen Teufelsbades, müsst ihr wissen, denn hier war's nicht geheuer: Umhergeisternde Leichenzüge erschreckten selbst die mutigsten Ritter. Auch sagt man, in der Tiefe würde ein Nickelmann sitzen, der alle sieben Jahre ein Menschenopfer fordert. Die Mönche hingegen scherten sich nicht um den Aberglauben, der verängstigt und bornierten Blankenburger Bumsköppe. Sie dachten an die reiche Belohnung, die der Graf ihnen löhnen würde, könnten sie es vollbringen, dessen Tochter zurückzuführen. Diese Gier nach Geld in den Herzen der Gottesdiener machte sich der Gehörnte zu nutzen!

Wie er die Mönche herannahen sah, ihr gutes Werk zu tun, da öffnete er vor ihnen einen Moment nur den Schlund der Erde. Ein großes Loch tat sich vor den Mönchen auf und, wie sie hineinblickten, war darinnen alles aus glänzendem Gold und Edelgestein. So verzückt waren sie von den irdenen Schätzen, dass Gott ihnen zurufen konnte, was er wollte, sie blieben versteinert am Felsrücken stehen und vergaßen ihren heiligen Auftrag. So stehen die Beiden noch heute starr, obschon sich die Erdspalte längst wieder verschlossen hat. Da feixte der Teufel, hatte er doch zur Seele der Grafentochter noch zwei Mönchsseelen dazu bekommen. Der Blankenburger Graf, konnte zu Gott beten, wie er wollte. Sein Heil fand er allein darin, zur Rettung der Seele seiner Tochter, eine kleine Kapelle zu stiften.

*S*eit jener Zeit soll beim Mönchsmühlenteich in Vollmondnächten eine weiße Jungfer umgehen. Sie trägt ein Bund mit Schlüsseln und lockt allzu neugierige Angler zu sich ins tiefe Wasser. Seid vorsichtig, wenn ihr ihr begegnet, denn sie liest in euren Herzen, wie in einem aufgeschlagenen Buch. Gebt ihr euch der Jungfer angstlos hin, bringt ihr dem Geist gar eine Gabe mit, dann umsorgt sie euch mit ihren sanften Wassern und benetzt euch mit Tränen. Taucht ihr dann aus dem Pfuhl wieder auf, fühlt ihr euch wie neugeboren. Ängstigt euch aber das Treiben, wartet ihr vergebens auf Linderung eurer Leiden. Dann hat euch ganz sicher die Vollmondnacht, den verdienten Tod gebracht!

Aus dem Mönchsmühlenteich pflegten die Blankenburger und Heimburger Frauen ihre Kinder zu holen. Sie sprachen zur weißen Jungfer, die sie auch Frau Holle nannten, opferten ihr und badeten in einer dunklen Neumondnacht darin. Alsbald waren sie schwanger! Wegen diesem heidnischen Brauch legten die Mönche das Teufelsbad – ein altes Opfermoor – trocken. In der Nähe ward ein Damm errichtet und so, der heutige Teich angelegt. Der alte Zauber aber wirkt noch immer! *(aufgeschrieben nach Pröhle)*

Wo selbst der Teufel Heilung erfuhr

Die ganze Nacht hatte der Teufel für seine Mauer geschuftet, schwere Felsbrocken aus dem Harz herangeschleppt, sie Stück für Stück aufeinandergetürmt und so einen gewaltigen Felsenkamm geschaffen. Hätte er nicht mit Gott gewettet, das Bollwerk in einer Nacht fertig zu bekommen, was ihm freilich misslang, er hätte mit Stolz darauf schauen und flanieren können. Nun aber saß er mit mieser Laune, zerschundenen Händen und schmerzendem Rücken am Moor, hätte sicher auch ein verzweifeltes Tränlein vergießen wollen, doch das schickt sich wahrlich nicht für den Fürsten der Hölle. Sein Bocksfuß rutschte müde in den dicken, schwarzen Schlamm. „Zu müde zum Geradesitzen!", fluchte er, wollte seinen Fuß schon wieder aus dem Schlamm ziehen, als er spürte, wie gut ihm diese irdene Frische tat. Auch die Hände steckte er nun ins Moor, oh, welche Labsal. „Pflatsch", war Urians Leib bis zum Halse nachgerutscht – das kühlte auch seinen Unmut, so dass der Böse bald ganz selig im Schlammbad saß. – Die Mönche vom Michaelstein meinten, dass der Teufel seine ewige Jugend den Moorbädern zu verdanken habe und nutzten das Wunderheilmittel von da an selbst.

Der Ritter vom Michaelstein

In der Nähe des Klosters Michaelstein hauste in einer kleinen Feste einst der Ritter von Michaelstein, ein ganz verwegener Haudegen, der es nie vergessen konnte, dass er Teile seiner Ländereien an die frommen Klosterbrüder abtreten musste, worauf er mit ihnen seit Jahren im Streite lag. Keine Gelegenheit ließ er aus, ihnen zu schaden und, wie unten wieder ein Kirchenfest gefeiert ward und ihm die Kirchglocken den letzten Nerv raubten, sammelte er seine Reisigen, das Kloster zu überfallen. „Öffnet die Pforte, euer Nachbar erbitte das Gastrecht und kommt, den alten Streit zu vergessen und mit euch zu feiern!", sagte der Ritter etwas zu freundlich, worauf die Mönche auf Verdacht die Türen lieber verrammelt ließen. „Macht gefälligst auf, sonst brechen wir sie auf. Schenkt mir die Achtung, die ich verdiene, sonst hält mich weder das Kruzifix oder Jesus höchstselber auf ... und ich schwöre, dass von eurem Kirchturmgebimmel nur Asche übrigbleibt." Von diesen Flüchen angestachelt, schrien nun auch die Reisigen: „Wo ist eure Mannschaft, die sich mit uns streitet. Mit Mönchen schlagen sich nur die Weiber!"

Da öffnete sich die Türe, der Ritter wollte schon hindurch preschen, als der Abt des Klosters seelenruhig nach draußen trat und mit fester Stimme erklärte „Wir Mönche müssen nicht streiten. Für uns kämpft St. Michael, unser Schutzpatron. Jedes Mal, wenn dem Kloster Unrecht widerfährt. Wie der Abt das sagte, blickten einige Reisige nach oben, erschraken zutiefst, denn das Abbild am Tor war zum Leben erwacht. Der Drachentöter dort oben, hatte sich dem getöteten Untier abgewendet und sah nun aus rotfunkelnden, blitzenden Augen die Angreifer an. Wie der Ritter vom Michaelstein sah, dass St. Michael am Torturm größer und immer größer wurde, sich von seinem steinernen Bildnis löste und seine Lanze drohend nach ihm ausstreckte, da wendete er zutiefst erschrocken sein Streitross und herrschte seine Mannen an, es ihm gleich zu tun. „Mit Riesen will ich streiten", rief er in seiner Flucht, „nimmer aber mit einem Stein!"

Von diesem Tage sollte Friede zwischen Kloster und Ritter sein! Der Schutz-patron St. Michael prüft heute noch sorgsam jeden Gast, der durch das Tor das Kloster betritt und flüstert ihm leise ins Herz: „Du bist willkommen, hast du Gutes im Sinn; ist's nicht Gutes, bedenk wer ich bin!" *(aufgeschrieben nach Blankenstein)*

Die kleine Lauenburg

*a*ndere denken, der Ritter vom Michaelstein, wäre eigentlich der Raubritter der kleinen Lauenburg gewesen, deren Überreste fast vergessen unmittelbar über dem Kloster im Walde stehen. Forstbeamte stolpern noch heute eher zufällig über die mit Mörtel verbundenen Steine, die nur noch wenig von den alten Zeiten erzählen. Selten betritt ein Wanderer diesen unwirtlichen Ort, schon gar nicht nachts, denn dann ist's hier nicht geheuer. In den dunklen Geisterstunden will schon so mancher Jägersmann hier oben Hundegekläff und Schwerterklang vernommen haben. Reckenhafte Gestalten sollen dann als Schatten umgehen und ihr Unwesen treiben. Wohl dem, der klug genug sei, seinen Kopf nicht aus der Böschung zu heben. *(aufgeschrieben nach Schrader)*

Das Alte Schloß Heimburg

Sagen der Heimburg & des Umlandes

Die Heimburger Heimchen

Die Heimburg soll einstmals Wohnstätte der Heimchen gewesen sein, ein Zwergenvolk, groß, mächtig und überaus reich noch dazu. Die Heimchen hätte unter ihrem Heim, eben jener Heimburg einen gewaltigen Schatz angelegt, der aber nicht allein Verdienst harter Arbeit war. Vieles hätten die Zwerge den Blankenburger Bürgern einfach gestohlen. Ein Bäcker, der sich stets wunderte, wohin seine vielen gebackenen Brote verschwänden, streute einmal Mehl in seiner Backstube aus und legte sich auf die Lauer. Wie die Glocken der Bergkirche St. Bartholomäus die Geisterstunde verkündeten, hörte der Bäcker plötzlich ein

Getrippel und Getrappel, murmelnde Stimmchen, Schmatzlaute, holte seine Peitsche hervor und schwang sie tüchtig durch den Raum. Siehe da, zwei plumpe nackte Heimchen saßen am Ofen und fraßen das frisch Gebackene, ohne ans Zahlen zu denken. Sie waren sichtbar geworden, weil ihnen die Nebelkappen von den Köpfen gezwirbelt wurden, womit der Bäcker sie nun im Griff hatte. „Wollt ihr eure Kappen zurück, habt ihr zum Abend des nächsten Tages mit eurer ganzen Bagage unser schönes Blankenburg zu verlassen und am Stadttor eure Schuld zu begleichen!", schnauzte der große Mensch die kleinen Kerle an.

Den ganzen nächsten Tag hörte man überall in der Stadt ein Murren und Rumoren und ein Tappsen zum Stadttor hin. Der Kessel der dort aufgestellt war, füllte sich zusehends und schwappte bald über vor Münzen, so viele Zwerge hatten sich heimlich in der Stadt aufgehalten und zogen nun in ein ungewisses Schicksal hinaus. Auch die Heimburg mussten sie widerwillig räumen, bevor die beiden Zwerge ihre Kappen wiederbekamen. Seitdem wird in Blankenburg nur wenig geklaut, doch ist es auch sehr still geworden um unsere Stadt. Mit dem Fortgehen der Heimchen sind viele Heimstätten heute gänzlich verwaist. Vielleicht ist's ja an der Zeit, die guten Geister zurückzurufen? *(aufgeschrieben nach Oelsner & Sander)*

Die Heimburg – wo Hass & Liebe wohnten

*D*ie Heimburg und Burg Regenstein lagen so dicht beieinander, dass man es schwer hatte, sich nicht aufs Fell zu schauen. Ein geübter Schütze hätte beinahe von Feste zu Feste hinüberschießen können, was auch geschah, denn die Regensteiner und Heimburger waren sich im Jahre 1250 spinnefeind. Aber nicht alle trugen Groll in ihren Herzen. Bei einem Thing, bei dem sich endlich ausgesprochen werden sollte – war es doch für Keinem von Vorteil, wenn sich in der Nachbarschaft Ritter und Grafen blutdürstig gegenüberstanden – sahen sich Graf Heinrich II. vom Regenstein und Bia von Heimburg zum allerersten Mal.

Doch irgendwie war es beiden beim ersten Blick, als würden sie sich schon immer kennen. Ein flüchtiges Treffen ihrer Blicke genügte, den Hass ihrer Häuser vergessen zu machen, was ihre Herzen adelte.

Ritter Anno, der Bruder von Bia und stärkster Widersacher der Regesteiner, kochte vor Zorn, als er von der Liebe seiner Schwester zu einem Regensteiner erfuhr. Er lauerte einem der Grafen auf dem alten Heerweg auf und stellte sich ihm in den Weg. Ach, der Regensteiner hätte es ahnen sollen, doch vertraute auf den Landfrieden, hob seine Hand zum Gruß, nur um dem Heimburger zu zeigen, dass er keine Waffe trage, was Anno freudig begrüßte. Denn der hatte seinen Dolch heimlich gezogen, hielt ihn beim Heranreiten verdeckt hinterm Hals seines Pferdes und nutzte die Gelegenheit, dem überraschten Grafen sein Messer mitten ins Herz zu rammen. Lachend ritt der Heimburger, sich als Sieger wähnend, von dannen und verkündete stolz seine Tat!

Jetzt aber taten sich alle übrigen Regensteiner Grafen zusammen, den Heimburger ein für allemal in die Schranken zu weisen. Mit einer großen Streitmacht belagerten sie die Heimburg, berannten und erstürmten sie, worauf die übrige Burgbesatzung das Weite suchte.

Von Ritter Anno hörte man nie wieder etwas. Graf Heinrich II. aber ver-
mählte sich mit seiner Bia, womit die Regensteiner letzten Endes auch deren Burg und Herrschaft besaßen. Und die Moral von der Gechicht'? Sieger
ist derjenige nicht, der sich mit Zorn durch Leben schlägt - am Ende man
die Lanze bricht, für den, der Liebe in sich trägt! *(aufgeschrieben nach Sternal)*

Die Hangeleiche der Heimburg

Jm 14. Jahrhundert nahm in unseren Landen das Raubrittertum
überhand, worauf im Jahre 1385 unseres Herrn die Landes-
herren beschlossen, teuren Landfrieden zu halten. Allen räuberischen Adligen wollte man damit Einhalt bieten. Tatsächlich schlossen sich
ausnahmslos alle Grafen dem Bund an. Einige aber dachten nicht daran,
Wort zu halten! – Graf Dietrich von Wernigerode liebte das Abenteuer, den
Geruch von Angst und die Farbe des Blutes und machte dem Raubrittertum
alle Ehre. In Abwesenheit des Grafen Busso überfiel er dessen Anwesen:
In tiefdunkler, nebliger Nacht schlich er sich mit seinen Kampfgefährten
heimlich an die Blankenburg heran, plünderte und brandschatzte sie.

Dem Landfriedensbund blieb nichts anderes übrig, als den Raubgrafen Dietrich von Wernigerode zu bestrafen. Der Gerichtstag war in Goslar angesetzt, aber Dietrich erschien nicht. Er pfiff ein schmutziges Mörderlied und lachte von seiner Burg herunter: „Da müsst ihr mich schon holen!". „So werden wir seine Burg ausräuchern, wenn er nicht kommt!", sprach der Adel und beschloss einen letzten Versuch: Ein Feldgericht bei Heimburg. Zu Mariä Magdalenentag (22. Juni) im Jahre 1386 unseres Herrn, kamen die Grafen zusammen und durch die andächtige, gespenstige Stille zog plötzlich ein Raunen durch die Nacht. „Graf Dietrich, er kommt, er kommt wirklich!", riefen einige Stimmen zum Gerichtsplatz rauf.

Tatsächlich, der Raubgraf kam, denn er glaubte wirklich, sich rausreden zu können und mit einer Geld- oder Landbuße mit dem Leben davon zu kommen. Bei der Befragung inmitten des altehrwürdigen Baumkreises auf der Heimburg gab er den Raub lächelnd zu, und die Menge staunte fassungslos über solche Ehrverachtung. Das Gericht ließ aber wider Erwarten keine Milde walten und verurteilte Dietrich zum Tode durch Enthauptung noch an Ort und Stelle.

Einer seiner Mordsbrüder, Hans von Bleicherode, wurde gleichsam verurteilt, hier und jetzt mit dem Schwert seinem Herrn den Kopf zu nehmen. Dietrich war so überrascht, dass er nicht einmal fähig war sich zu wehren und sein eignes Schwert zu ziehen. Ohne Gegenwehr folgte er dem Henkersknechte zum Richtplatz. Hans stand über ihm, schwang sein Schwert und drei Armbrüste waren auf ihn gerichtet, zum Zeichen: Schlägst du fehl, nährt auch dein Blut diesen heiligen Boden. – Dietrichs Leichnam wurde, zum Zeichen eines ehrlosen Todes, an eine alte Eiche gehängt. Der Baum, an dem Graf Dietrich gehängt wurde, soll noch Jahrhunderte gestanden und die „Hangeleiche" geheißen haben. Das alte Baumkreis-Femgericht existiert bis heute. *(aufgeschrieben nach Sternal)*

Der Preis des Übermuts

*J*akob Philipps, ein Schalk vorm Herrn, wie es Viele im Flecken Hüttenrode gab, bestellte einmal den Teufel zu sich, in dem er an altgeweihter Stelle dreimal den Namen des Höllenfürsten rief. Der Angerufene erschien prompt und hörte die dreiste Rede des Menschleins: „Kannst du mir so viel Gold beschaffen, dass ich reicher bin als alle Menschen in der Grafschaft Blankenburg zusammen, dann soll dir meine Seele gehören, sobald das Laub von den Bäumen fällt." Da frohlockte Urian, denn der Philipps hatte ihn schon oft genug an der Nase herumgeführt und ihn, den Bösen, damit vor aller Welt böse verspottet. „Ich schlage ein!", lachte der Teufel und nannte den Hüttenröder einen Esel, war der Sommer doch beinahe zu Ende und jedes Kind weiß, dass schon im Herbst die Blätter fallen.

Im Herbst aber, als sich der Teufel die Seele holen wollte, sagte der Philipps getrost: „Wir wollen doch einmal gemeinsam in den Wald gehen und nachschauen, ob wirklich alle Blätter herunter sind." So führte er den Höllenfürsten in einen jungen Buchenwald, jenen Bäumen von denen das alte Laub nicht früher abfällt, als bis das die jungen Triebe im Frühjahr kommen. Da stöhnte der Teufel: „Gottverdammt, es gibt also Bäume, die nie ohne Blattwerk sind und darum ...!" – „Genau, darum bekommst du meine Seele nie!", lachte der Hüttenröder, „... außer ...!" – „Außer?", fragte der Gehörnte und witterte seine Chance. „Außer du besiegst mich beim Reiten!", lachte Philipps, der sich mit dem Geld des Teufels das schnellste Pferd des Harzes gekauft hatte. „Verlierst du, werde ich der neue Graf vom Regenstein. Fährst du schneller mit einer Kutsche, vor die bloß vier Gänse gespannt sind, als ich mit meinem Ross reite, bekommst du meine Seele doch." Das vereinbarte Ziel, eine meterdicke Eiche am Waldrand, erreichte der Teufel zuerst, worauf dieser den übermütigen Menschen ergriff und so hart gegen den uralten Baum klatschte, dass Philipps dabei seinen Kopf verlor! *(aufgeschrieben nach Pröhle)*

Der Schatz von Hüttenrode

*V*or vielen hundert Jahren hat ein Mann in Hüttenrode mit dem Teufel einen Vertrag geschlossen, seine Seele verkauft und dafür einen Schatz erhalten. Er solle auch so lange Leben, wie er wolle, bis zu jenem Tage, da der Mann selber von sich sage, er wäre seines Daseins überdrüssig. „Dann bekommst du meine Seele nie!", hatte der Hüttenröder damals gelacht. Wie er aber lebte und lebte und all seine Lieben überlebte und, wie die Menschen hinter vorgehaltener Hand über ihn redeten und ihn mieden – Befürchtete doch jeder, seine ewige Jugend könne nur auf einen Vertrag mit dem Teufel zurückzuführen sein, was ja auch stimmte! – da war er seines Lebens mit all den Reichtümern müde und sagte: „Ach, der ganze Schatz ist nichts ohne einen lieben Schatz an meiner Seite – Höllenfürst, du hast gewonnen, du kannst mich holen!"

*B*evor er aber geholt wurde, vergrub er den Kessel mitsamt des Teufelsgeldes an geheimer Stelle und sprach dabei zu sich: „Diesen Schatz soll nur einer heben, der auf einem Schatz darüber reitet!" Das hörte ein Blankenburger Köhler, der versteckt an der Waldlichtung lag und meinte: „Meine Frau ist mir doch auch ein Schatz!" In der nächsten Vollmondnacht stand er mit seinem Weibe an besagter Stelle, hieß sie zu schweigen, knöpfte ihr das Kleid vom Leibe und ließ sie sich nackt vor dem Schatz hinhocken. Dann bestieg er sie, ganz anders als sonst, diesmal nur, um auf ihr über den Hort zu reiten. Gesagt – getan. Rasch grub er nach und fand auch bald den Kessel und frohlockte innerlich, durfte er schließlich nicht laut jubeln oder reden, sollte das Schatzheben von Erfolg gekrönt sein. Sein noch immer splitterfasernacktes Weib aber schien nicht glücklich zu sein, es schenkte ihm einen bösen Blick, ergriff den anderen Henkel des Kessels und beanspruchte die Hälfte des Schatzes für sich.

Solch wunderbarer Streit um den Schatz des Teufels musste den Bösen auf den Plan rufen. Nebel quoll aus dem Boden, es stank nach Schwefel und ganz leibhaftig stand der Gehörnte neben den Beiden und betrachtete mit funkelnden Augen das Geschehen. „Du willst ein Schatz sein?", herrschte er das Weibsstück an, „Streitest dich hier mit deinem armen, fleißigen Manne um das Gold. Zeig mir, dass du ein Schatz bist, dann will ich euch das Possenspiel durchgehen lassen." Ängstlich hockte sich die nackte Frau nieder, ihr Mann bestieg sie erneut und gerade, wie sie über das Loch kriechen wollte, gab ihr der Teufel einen gewaltigen Tritt. Da schrie sie auf ... und eben, wie der Schrei ihrer Kehle entfuhr, da war der Teufel verschwunden, der Schatz aber auch. Von diesem Tage an, lahmte sie. Der Blankenburger aber war nur froh, dass sie beide ganz knapp dem Tode entgangen waren. Seine Ahnung war richtig: Mit diesem Teufelsschatz wären sie dem Glück nicht nähergekommen.

(aufgeschrieben nach Pröhle)

Die Hedefrauen (in Hüttenröder Mundart)

De Düwel is schwart un zoddlich un feuhrt en Pärfaut.
Alsau is hier ne Frue, dä vereinbart sik mit ner Frue, wat nu mientwegen ne Hexe west is.
Alsau vereinbart sik dä beiden un willen mit einander na der Heee.
Alsau beaafreden se sik, se willen dä Nacht umme Zwee gaan.
Un düsse Fruue will nu dei Hexe aafraupen, un da is et erst Zwölwe da hätt düsse all Licht,

Der Teufel ist schwarz und zottelig und ist ein perfider Verführer!
In Hüttenrode gab es eine Frau, die sich mit einer anderen Frau verabredete, die eine Hexe war.
Also vereinbaren sich die Beiden, gemeinsam Hede holen zu wollen.
Sie verabreden sich, in der Nacht gegen Zwei loszugehen.
Und diese Frau will sich nun mit der Hexe aufmachen, aber da ist es erst Zwölf, und doch ist bei ihr Licht,

un sei stellt sik an de Halwe, un da
hört se dat Getöse in der Stuwe,
un wie se dat Getöse hört, da kuckt se
von der Halwe dorch dat Fenster, da
danzt düsse Fruue mit den Bösen.

Un wie se dei da danzen sieht, un
sieht den gruulichen Kärel, den Düwel,
da ward er nich wol.
Un da denkt se: du darfst dik nich sein
laten, da tritt se wedder der Halwe, in
der Wiele schleit et zwölwe.
Un sau wie de Klocke zwölwe schleit,
da is det Licht ute.
Da denkt düsse Fruue: nu most de
erst en Bettchen wahren, du darfst sau
schwinne nich kloppen, dat dei nich
merket, dat du't esein häst.
Un wie saun Schüreken hen is, da
klopt se.
Da kukt düsse ut un sächt: wat witt
denn du all?
et hät erst Zwölwe schlaaen, is jo noch
de freuh; no denn kum erin.

Makt se der Fruuen op un lätt se rin in
de Stube, un da makt se sik
reisefertig.
Wie se reisefertig sind, da krigt se ne
Satte Melk her un sächt:

und stellt sich heimlich ans Haus
hört das Getöse in der Stube
Und wie sie das Getöse hört, da
guckt sie seitlich durchs Fenster und
sieht die Frau mit dem Bösen
tanzen.
Wie sie beide da tanzen sieht, den
grausigen Kerl, den Teufel, da war
ihr nicht wohl.
Und da denkt sie: Du darfst dich
nicht sehen lassen, tritt wieder zur
Seite, in der Weile schlägt es Zwölfe.
Und wie die Glocke Zwölf schlägt, ist
das Licht aus.
Da denkt die Frau: Du musst ein
bisschen warten und darfst nicht so
geschwind klopfen, dass sie nicht
merkt, dass du es gesehen hast!
Und wie so eine Weile vergangen ist,
da klopft sie.
Da guckt die andere raus und sagt:
„Was willst du denn?
Es hat doch erst Zwölf geschlagen.
Es ist noch zu früh, aber gut, komm
rein."
Sie macht der Frau auf, lässt sie in
die Stube reintreten und macht sich
reisefertig.
Wie Beide reisefertig sind, da kriegt
sie eine satte Milch angeboten und
die Hexe sagt:

»nu kumm her, drink erst emal, we werden underweges doch dörstig.« Da gaan se mit enander furt un wie se underwegens sind, da sächt düsse Fruue, dä nu raupen hät:

»Wene harrest'en da, wu midde danz'st?«
Süh da sächt se: »dat harrest de mik sollt eher säggen.«
Da kümmet düsse Fruue kaum dat se midde henkummet na Blankenborg, da mot se liggen blieben, da häbben se se most von Blankenborg op en Wagen hier ropfahren.
Un da hät se'n böses Bein ekreggen un da hät de Felschär sieben Schötteldeuker rutelanget, dat hat er dei Hexe aanedaan.

„Na komm her, trinke erstmal, wir werden unterwegs doch durstig!" Anschließend gehen sie miteinander fort und, wie sie unterwegs sind, fragt die Frau (die draußen alles beobachtete) neugierig: „Wen hattest du denn da, mit dem du getanzt hast?"
Da sagt die Angesprochene: „Das hättest du mich eher fragen sollen!" Da krümmt sich die Frau, kaum dass sie nach Blankenburg kommt und musste am Boden liegenbleiben. Da haben sie sie auf dem Wagen wieder hier rauffahren.
Da hat sie ein schlimmes Bein bekommen. Das hat ihr die Hexe angetan. *(aufgeschrieben nach Pröhle)*

Das „Verlorene Wasser"

Zwischen dem Gläsernen Mönch (in den Thekenbergen bei Halberstadt) und dem Sargberg, liegt das „Verlorene Wasser". Von diesem Ort wird berichtet, dass es hier manchmal ganz sonderlich zugehe. Irrlichter würden die Törichten ins Verderben locken, wenn der Nebel über die Felder fließt. „Nehmt die Beine in die Hand!", sagten die Alten, „Und kommt den weißen Schleiern nicht zu nahe. Ihr geht in ihnen verloren! Darin nämlich, gehen die Geister derer um, die einst in einer alten Schlacht auf diesem Feld gefallen und in den Mooren versunken."

Dann erzählen sie auch die schauerliche Mär von einer Kutsche, die von Blankenburg über jene Feldflur nach Halberstadt fuhr, mitten in einen dichten Nebel kam und spurlos verschwand. Man will die erstickten Schreie des Kutschers noch vernommen haben und später, als sich der Nebel verzogen hatte, war man den Spuren der Kutsche nachgeeilt. Doch auf dem regennassen Feldweg verlor sich jede Spur der Räder und der Pferdehufe eben am „Verlorenen Wasser".

Wetterzauber am Thorstein

Lag lange Dürre über dem Harz und seinen Vorlanden, entschieden sich die Ältesten eines jeden germanischen Stammes, sich zum nächsten Thorstag (heute Donnerstag = Donars Tag; oder engl. Thursday = Thors Day) am Thorstein (dem „Gläsernen Mönch bei Halberstadt") zu treffen, um dem Vegetations- und Wettergott zu opfern.

Thorsten, ein blondgelockter Bub, der mit seinem Clan in einem Langhaus lebte, wo heute die Ortschaft Langenstein liegt, sah zu, wie weißgekleidete Priester aus dem heiligen Hain des Osterholzes Eichenholz herbeitrugen. Bald war ein Feuer aufgeschichtet, das Blitz und Donner anlocken würde. Thorstens Clan hatte diesmal eine Kuh zu stellen, die man zu Ehren des Gottes opfern würde. Ihr Blut sollte den staubtrockenen Boden befeuchten und Thor gnädig stimmen. Bis zum Bergrücken führte der Junge das große Tier, das ihm treu hinterhertrottete, als ginge es auf die Weide. Weinend nahm Thorsten Abschied von seiner alten Freundin, doch es musste sein. Würde Thor das Opfer nicht annehmen und es nicht regnen lassen, müsste die Ernte auf dem Felde vertrocknen und Viele ließen im bitterkalten Winter wieder hungernd ihr Leben.

Pochenden Herzens sah Thorsten zwölf bildschöne, blondgelockte Mädchen nacheinander Stufe für Stufe den Felsen ersteigen und aus ihren tönernen Gefäßen Wasser aus den heiligen Quellen in eine Aushöhlung in den Felsen gießen. Kaum hatte die Letzte ihren Krug geleert, ließ sie auch schon ihre Hüllen fallen. Nackt, wie Wotan sie schuf, ließ sie sich Bilsenkraut unter die Füße binden und nahm dann kniend einen Regenstein, ein Bezoar aus dem Magen einer Ziege Thors, entgegen. Diesen tauchte sie ins Wasser, streckte ihn gen Himmel – wiederholte dies dreimal und wurde dann rückwärts gehend vom Felsen, vom Bergrücken geführt, um weiterhin rückwärts aber nun allein über die Felder zu schreiten. Den ganzen Tag ging sie so, nackt, Gebete murmelnd und die Felder mit dem immer nassen Bezoar besprengend.

Thorsten war der Schönen – in einiger Entfernung freilich – heimlich nachgegangen und sah erschrocken, wie das Mädchen vom Gehen ermattet in sich zusammenfiel. Wie tot blieb es auf Mutter Erde liegen. So rasch wie ihn seine jungen Füße trugen, eilte er herbei, ihr seinen prall mit Wasser gefüllten Schweinsmagen an den Mund zu setzen und ihren Durst zu stillen. Zuerst schwach, dann immer begieriger, schluckte das schweißbenetzte Ebenbild Freyas das kühle Nass. Ein kleines Rinnsal lief jetzt an ihren roten Lippen vorbei, bildete zwischen ihren Brüsten ein Bächlein und im tiefen Bauchnabel einen heiß verdampfenden See. Lächelnd schlug sie ihre Augen auf, schenkte zuerst ihm einen Blick – der von jener Sorte war, den ein Mann niemals mehr vergisst – und sah dann zufrieden gen Westen. Ihrem festgebannten Blick folgend, erkannte Thorsten nun auch, die schwarzen Regenwolken, die den Brocken bereits ganz umhüllten. Nicht weit von ihnen, küsste der Regen bereits die Ähren.

Woher die Menhire kommen

Einst lebten im Harz gefährliche Riesen, 30 Meter und mehr waren die groß und stärker als 100 Höhlenbären zusammengenommen, aber dumm, wie man es sonst nur den Eseln zuschreibt. – Eines Tages kamen zwei der größten Riesen über den Harz gesprungen. Sie wollten wissen, wer der Schnellere von Beiden wäre, denn dieser würde das Herz einer Prinzessin gewinnen. Dummerweise fand keiner der Beiden zum Ziel. „Ich hab' dich nur nich' besiecht, weil ich ein Steinchen im Schühchen hatte!", sagte der Eine, schüttete seine Lulatschlatsche aus und heraus fiel ein großer Felsbrocken. „Was ein lausig, quälender Kiesel!", sagte der Riese, weshalb die Anhöhe noch heute der „Lausehügel" heißt. Noch heute könnt ihr ihn in Blankenburg an der Teufelsmauer bewundern.

*G*ut!", sagte der Zweite, „Dann wollen wir um die Wette werfen. Diese Kiesel hier, schnipsen wir so tüchtig weit, wie wir Muskelschmalz haben. Wer gewinnt soll Hochzeit halten!" Beide griffen nach den nächsten Steinen zu ihren Füßen und warfen diese mit aller Kraft gen untergehende Sonne. Noch heute stehen einige dieser Brocken, die wir mittlerweile Menhire nennen, bei Derenburg!

Welcher Riese gewonnen hat, wollt ihr wissen? Keiner! Die Prinzessin meinte stolzen Sinnes: „Das könnt ihr voll vergessen, dass euer Kräftemessen mein Herz beglückt. Der Mann meiner Träume, schenkt mir ein Sträußchen Lindenbäume und spricht ein Gedicht, das mich verzückt!" – Lange Zeit grollte und donnerte es in den Bergen der Gegend die heute Blankenburg heißt. Das waren nämlich die Riesen, die sich gegenseitig Dämlichkeit vorwarfen und sich immer abwechselnd Felsen auf den Bumsschädel ballerten.

Vom ersten Osterfeuer

*E*inst regierte im Harz ein mächtiger König, mit irrem Blick und struppigen Bart. Niemand wagte es, ihm in die Quere zu kommen, war er doch sicher drei Köpfe größer, als ein gewöhnlicher Mann und bärenstark. Zudem verstand er sich auf Zauberei. An wem er vorüberschritt, dessen Herz erstarrte einfach zu Eis, Bäume ließen ihre Blätter fallen und Blumen ihre Blüten. Grau und dunkel war sein Palast. Jedermann glaubte, er würde ewig herrschen.

An einem bitterkalten Frühlingsmorgen aber ward – eben an jenem Tag, da Tag und Nacht gleich lang waren – ein zierliches Mädchen geboren worden. Dessen Lächeln war süßer als der Gesang der Vögel und stets lag Frohsinn in ihrem Gemüt, weshalb die braven Eltern es Morgenröte nannten.

Trotz all dem Licht und der Wärme, die es versprühte, hielten Mutter und Vater sie wohl verborgen. Sie wussten wohl, dass der König der Eisherzen solchen Wohlgemut mit aller Macht zu bannen versuchte.

Wie das Mädchen aber sieben Jahre alt wurde, da war ihr Wille so stark, dass nicht einmal Mutter Erde selbst, sie länger hätte im Haus halten können. Was wirkte sich ihr Strahlen sonderbar auf die Menschen auf den Straßen aus? Solch ein Licht hatte man schon lange nicht mehr angetroffen. Ja, selbst alle Hoffnung darauf, war schon längst zu Grabe getragen worden! Zuerst begegneten sie unserer Morgenröte mit Argwohn, dann noch mit Vorsicht, schließlich aber mit jener Freude, die im Stande ist, die festesten Ketten zerbersten zu lassen!

Als der König von ihr erfuhr – und er erfuhr alles noch am selben Tag – da ließ er das Kind zu sich schaffen, sie im tiefsten Felsenkerker einzusperren war sein Plan. Doch keiner seiner Schergen auch er selbst nicht, wagte schließlich die Hand an dieses sanfte Wesen zu legen. Die Harzer aber hatten Wind davon bekommen, welch böses Spiel der König versuchte und waren's leid. Lieber sollte ihr Sein hier und heute enden, als dass sie die Morgenröte verloren geben. Die Eltern des zauberhaften Lichts waren die ersten, die zum Zeichen des Aufbegehrens gegen die Macht des ewigen Eises, Scheit auf Scheit zu einem hohen Haufen schichteten, einen Funken ans darunterliegende trockene Reisig hielten, worauf bald ein riesiges Feuer den Nachthimmel erhellte. „Sieh dort drüben!", sagte die Mutter bald zum Vater und beide sahen lächelnd, wie auch im Nachbarort ein Feuer aufflammte. „Und dort drüben auch … und da!" … und zur selben Stunde schon überall rings um den Harz. Da ward dem König der Eisherzen erstmals selbst gar frostig zumute.

Bereits am anderen Morgen war die Morgenröte frei und die Macht des Königs gebrochen! - Von da an gedachte man jedes Jahr mit lodernden Feuern – am Geburtstag der Morgenröte – an die Vertreibung des Wintergeistes und den Sieg des Lichts! *(den Felsen abgelauscht)*

Der Opfertisch der schönen Ostara

Zu den Orts- und Flurnamen lässt sich heutzutage nur deuteln, witzeln, spekulieren. Schon der Sagen- und Märchensammler Ludwig Bechstein tat sich schwer damit. Vielleicht war die Heimburg erstmals Wohnstatt der Heimchen, vielleicht aber auch eine Burg Kaiser Heinrichs II., eben die Heinrichsburg, der sie Halberstadt und dessen Bischof, weil er im Streite mit demselben lag, „zur Posse als Brille auf die Nase" setzen wollte!? Vielleicht aber ist sie die Heimburg, das Heim der Göttin Ostara? Ihr zu Ehren hieß der ganze Flecken um den Höhenzug einst „der heilige Hain" und noch heute trägt ein Waldstück in der Nähe des Hagens den Namen „das Osterholz". Oben, mitten auf dem Plateau, soll einst ein Granitblock gestanden haben, der noch lange Zeit das „Opferplätzchen" hieß. Auf jener Höhe brannten einst die Osterfeuer, wurden die mit Stroh ummantelten Holzräder angesteckt und zu Tal gerollt. Aus der Art, wie die Osterräder den Berg hinunterkollerten und, wie weit sie kamen, weissagten die Hagediesen – die Priesterinnen des Hagens/des heiligen Hains – die Zukunft. Der Brauch des Ostereitrudelns der noch heute vereinzelt durchgeführt wird, ist daraus ableitbar.

So wie die Priesterinnen einst verehrt und beschenkt wurden, so verteufelte man jene weisen Frauen als Hexen, kaum hatte sich das Christentum im Vorharz verwurzelt. Auf solchen alten „Götzendienst", auf „Opferbräuche", stand bald die Todesstrafe, weshalb die Anhänger des alten Glaubens nun heimlich zu den Kultplätzen ihrer Ahnen pilgerten. Geschenke für die Götter wurden nächtlich dargebracht, wie die ersten Eier, die die Hühner ab der Frühlingstagundnachtgleichen legten – sie sollten der Ostara geweiht werden. Noch heute versteckt man die Ostereier, weil es einst verboten war, öffentlich zu opfern! Orakel- und Opferplätze wie Jenen, gibt es in der Nähe Blankenburgs viele: Die Ulenburg zum Beispiel oder den Orakelfelsen zwischen Hamburger Wappen und Kucksburg. *(nach Bechstein in Sander)*

Der Tyrstein im Osterholz

Z um Tyrstein, Pilze sammeln?", fragte die kleine Hanna aus Heimburg entsetzt, als sie von ihrer Mutter den großen Korb gereicht
bekam. „Aber oben uffm Felsen thront doch de alte Hajeliese!" –
„Dann jeh' halt nich hoch, wenne noch an Hexen klobst. Unn nimm'en
kleenen Fritzen mit, der fürcht' sich nich!" – So gingen beide Geschwister
ins Osterholz, weil hier die Pilze dicht beieinanderstanden, freilich taten sie
das, dachte Hanna, „Es is ja och keener bleede jenuch, hier rinzulatschen!"
- Doch der Wald war hingegen allem Gerede der Frieden selbst:
Schmetterlinge flogen noch umher und kündeten vom nicht enden
wollenden Sommer, die Sonne schien angenehm warm durchs sich
langsam verfärbende Blattwerk und dicke Steinpilze, so groß und fest, wie
sie Hanna nie zuvor gesehen hatte, standen in großen Kreisen. „Fritz,
schau dir dat an!" Aber ihr kleiner Fritzen gab keinen Laut von sich und, wie
sich Hanna umwandte, da war ihr Bruder spurlos verschwunden, doch wie
sie nach ihm rufen wollte, … blieb ihr die Luft weg. Anstelle ihres Bruders
stand hinter ihr plötzlich ein altes Weib. Das konnte nur die Hexe sein!

„Warum so ängstlich Mägdelein, du schaust entsetzlich bange drein!?", fragte die Alte und irgend etwas gab Hanna Mut, mit Tränlein in den Augen, ihr Herz auszuschütten: „Man Bruder, er war eben noch hinter mek … aber jetzt isser, wie vom Erdboden verschluckt!" - Jetzt bekam die Hexe große Augen, wand sich um, flüsterte abwesend „Er wird doch nicht …, lieber Gott, er wird doch nicht ...!" Wie besessen suchte sie die Umgebung ab und fand bald darauf ein Körbchen: „Ist das sein's?" Hanna nickte stumm. „Vorsicht, geh nicht weiter!", rief die Hexe, „Sieh, er ist sicher in den Elfenkreis gegangen!" - „Dort hinan, inanen Kras ut Pilzen? Wat isso schlimm dran ...? Hajeliese, wat iss met dek?" - „Komm rasch mit, bevor's zu spät ist!", herrschte die Hageliese die Kleine an und Hanna spurte, folgte der Alten bis zu einem gewaltigen Steinkreis mitten im Walde. Hier holte die Hexe einige Kräuter aus ihrer Tasche, entzündete sie gekonnt, worauf es stark zu qualmen begann. Bald war der ganze Steinkreis eingehüllt. Dazu murmelte die Alte seltsame Laute, zeichnete Striche auf den Boden. Ein Symbol davon sah aus wie ein Pfeil. „Das ist die Reise-Rune TYR!", ward Hanna erklärt, doch bevor sie fragen konnte, hatte sich die Hexe wieder längst ihren Beschwörungen zugewandt.

Dann schwieg die Alte plötzlich, der Rauch des Rituals verzog sich langsam …, und inmitten der Steine stand plötzlich der Fritzen. „Boah, bei den alten und neuen Göttern … ich will nochmal!", lachte er und sah sichtlich heiter aus, war aber … nein, das konnte nicht sein. Hanna kam verblüfft zu ihrem kleinen Bruder gelaufen, musterte ihn von oben bis unten, wobei sie erstmals nach oben schauen musste, um ihm ins Gesicht blicken zu können. Er war sichtlich gealtert, sicher fast fünf lange Winter. Hanna sah die Hageliese an, die nur traurig nickte: „So ist es immer, wenn man in einen der Elfenkreise tritt. Bube, du kannst froh sein, dass du unter nichts gegessen hast. Ist wohl besser, du trittst nicht nochmal rein!" - Hanna hatte all dem ungläubig gelauscht, sah jetzt aber der Alten fest in die Augen und fragte: „Wirst du's mek lehren?" Da lachte die Hexe und sagte: „Na deswegen bist du doch heute hier!" *(aufgeschrieben nach einer Sage des Wernigeröder Intelligenzblattes von 1797)*

Die Ulenburg – Tempel der Hexen

Die Ulenburg war einst heiliger Tempel der Hexen – hierher kamen die Zauberweiber von nah und fern, um die Botschaften der Hexengroßmutter zu hören. „Kuwitt – kuwitt", hörte man eine Eule nachts über Derenburg schreien, wenn es neue Kunde aus dem Harzwald gab. Sah man sie aber am Tage, zeichnete es sich ab, dass eine Seuche die Leute heimsuchen, oder eine Feuersbrunst ihre Häuser fressen würde. Wer der Eule in die Augen sieht, müsse sterben, glaubte man.

„Kuwitt – kuwitt", rief die Eule schauerlich – „Komm mit, komm mit!", verstanden alle Hexen Derenburgs, schlichen nachts aus den Kammern ihrer Ehemänner und eilten zur uralten Ulenburg. Gemieden ward die Stelle strikt von den einfachen und frommen Leuten.

Auf dem Opferaltar saß sie schon, die große, weiße Eule und wartete und waren alle Hexen versammelt, verwandelte sich das dämonische Tier und des Teufels Großmutter stand auf dem Felsen. Die zu spät Kommende wurde gescholten, geschlagen und als Lustsklavin bis zum nächsten Treffen gehalten, flüstert man leise.

Wen sollte es da verwundern, dass in Derenburg immer wieder manch' Hexerei zum Vorschein kam? Am 01. Oktober 1555, gestand eine schöne Frau mittleren Alters, die „Gröbische" genannt, dass sie elf Jahre lang mit dem Teufel gebuhlt hätte. Als man sie auf den Scheiterhaufen stellte und das Feuer entzündete, sei eine riesenhafte Eule erschienen und hätte sie vor aller Augen in die Lüfte genommen und fortgeführt. Ihr teuflischer Liebhaber ließ sie holen, weil sie ihm so gute Dienste erwiesen, sagten die Derenburger. *(aufgeschrieben in „Sagenhaftes Halberstadt")*

Der Knappenstein

*a*us Reddeber oder Rudiburgi, wie Otto I. dieses Gut im Jahre 936 nannte, stammten einst die treuesten Knappen. Ja, jeder Ritter der deutschen Lande war versucht, einen Edelknaben aus der „Ritterburg" für sich zu gewinnen, war doch jener Ort dafür bekannt, dass hier die besten Männer, also wahre Ritter geschmiedet wurden. Wie es dazu kam, dass ritterliche Tugenden in Reddeber besonders ernst genommen wurden, davon will ich gerne erzählen:

Einmal waren dem Lehnsmann des Bischofs Halberstadt, der das Gut Reddeber betreute, zwei Söhne geboren, die sich bis aufs Haar glichen: Zwillinge. Wie sie sieben Sommer zuhause groß geworden, nahm ein in allen Landen bekannter Ritter beide in seine Dienste, dem Vater und seine Söhne Reginhard und Runhardt aber streng verheißend, dass am Ende nur einer, nämlich der Bessere, von ihm zum Ritter geschlagen werden würde.

Da wuchsen die Brüder, einander in Liebe zugetan, doch als Rivalen auf. Freilich, beide waren sie tapfer und würdevoll, treu und beständig, auch gaben sich Beide ganz dem Dienst als Pagen hin. Reginhard aber war eher freundlich, gütig und maßvoll. Runhardt hingegen war eisern, kämpferisch und verfolgte auf Teufel komm raus seine Ziele. Der Erste war bedachter, wog Vieles mit Kopf und Herzen ab - jener liebte die Poesie und die Schrift. Der Zweite löste alles durch Geschicklichkeit und die Bärenkraft seiner Arme und war vernarrt in Turnier und Feldschlacht.

Am Tage, da die Knaben ihr 14.tes Lebensjahr vollendeten, wurden sie vor den Priester der Burgkirche des Regensteins geführt, worauf der Ritter sprach: „Beide seid ihr Kämpfer, einer mehr mit seinen Händern, der andere mehr mit seinem Herzen. Auf meinen Wegen sah ich viel Elend aus hartem Los geboren, durch verhärtetes Herz erhalten. Runhardt du bist im Geiste ein Ritter. Mit deinem Waffengeschick kann es niemand mehr aufnehmen. Darum ... gehe hin zu deinem Vater und sei der Beschützer Reddebers. Reginhard, dein Herz ist voll von hohem Mut, von einer Freude die allem Elend trotzt, dich schlage ich noch heute zu meinem Knappen, auf dass du mir in der Welt für die rechten Tugenden streitest!"

So kniete Reginhardt nieder, ward gesalbt und bekam ein geweihtes Kurzschwert in die Hand gelegt. Runhardt aber, sicher schon jetzt der beste Kämpfer im Harzgau, raste innerlich vor Zorn, weil er sich so gedemütigt fühlte. - Nun sollten die Brüder zurück nach Reddeber ziehen, dem Vater jene Kunde zu überbringen, am siebenten Tag jedoch, hätte sich Reginhardt wieder auf dem Regenstein einzufinden. Auf dem Heimweg aber, Runhardt hatte die ganze Strecke geschwiegen und geschmollt, fragte er plötzlich: „Reginhard, lass mich das Schwert einmal halten. Ich will dir zeigen, damit umzugehen, dass selbst der Wind dich fürchtet." Reginhard atmete erleichtert auf - schien doch das Eis, das sich trotz des Hochsommers, zwischen den Herzen der Brüder aufgetürmt hatte, langsam zu schmelzen - und gab dem Wunsch seines Bruders gerne nach.

Runhardt aber - als das Schwert erst einmal fest in seiner Hand lag - dachte gar nicht daran, es zurückzugeben: „Reginhardt, du wirst unserem Vater sagen, dass ich für den Knappendienst ausgewählt wurde. Wirst mir auch schriftlich geben, dass du als Knappe abdankst ...!" – „Bruder, ist's die Sonne die dich solch wirre Rede führen lässt?", fragte der andere, "Gib mir gleich mein Schwert zurück, ich will ...!"

Runhardts Mundwinkel zuckten noch, seine Augen blitzten wild, als er der Forderung seines Bruders genüge tat. „Da hast du es zurück!", zischte er und rammte Reginhardt das Schwert tief in die Brust. Kein Wort ward mehr gesagt, einzig ein sanfter Bach von Blut quoll dem Gutherzeigen aus dem Munde. Kaum aber war der Bruder tot zu Boden gefallen, sackte auch der Mörder in sich zusammen. All seine Ehre hatte er einem einzigen unbedachten Moment geopfert. Zur Reue schuf er ein Sühnekreuz und stellte es am Ort des schrecklichen Vergehens auf, worauf er sich im Kloster Michaelstein als Mönch einschrieb. Hier wollte er die Bluttat büßen und durch den Gottesdienst wieder lieben lernen. Das Sühnekreuz, das am Grabe des gemordeten Knappen bis heute steht, darum Knappenstein heißt, war allen Männern Reddebers ein Mahnmal, die Rittertugenden zu beherzigen.

Der Prinzenstein

*N*och am Morgen hatten sie mit ihm gelacht, dem Prinzen von Brandenburg. So jung er an Jahren war, so hatte er doch die Weitsicht und Fürsorge eines liebevollen Vaters, den Mut eines Löwen, sowie die Freude und Verrücktheit eines jungen Knaben in seinem Herzen wohnen. Unter Graf von Tilly war er ein Anführer, allen voran aber ein Kamerad. Als die kaiserliche Kohorte des Prinzen Ende Oktober 1631 auf dem Weg nach Blankenburg das Eckernfeld bei Börnecke passierte, sprengte ein schwedischer Trupp von allen Seiten auf sie ein. Der Prinz sah gleich, dass Gefahr bestand, eingeschlossen zu werden. Ausweichen und Rückzug wären nötig, doch nicht möglich gewesen. Rasch hatte der Prinz daher den schwedischen Oberst ausgemacht und - im Gedanken, dass Angriff die beste Verteidigung sei - mutig auf ihn zugesetzt. Alle Schwadrone flogen ihm nach und vollbrachten es, nach kurzem Gefecht, in an und für sich aussichtslosem Gemenge, die Speerspitze der Schweden zu kappen. Führungslos floh der Feind nun, der sich eben noch als Sieger wähnte, nach Börnecke zurück. Im Amtshof des Dorfes und auf einer kleinen Anhöhe östlich des Fleckens verschanzten sie sich. Beherzt war der Prinz auch hier wieder der erste, der durch die Linien der Schweden brach und sie schließlich zur Aufgabe zwang.

„Allein seinem Löwenmut, ergaben sie sich schließlich!", hieß es damals. Wie aber die Kaiserlichen auf ihren Anführer die Degen hoben, brach der Gefeierte mausetot in sich zusammen. Ganze dreimal war er von Kugeln des Feindes getroffen wurden. Allein der Wille, seine Männer nicht dem Feind anheim zu geben, hatte ihn noch im Leben gehalten. Am selben Tag, errichtete man ihm ein Grab und stellte daran einen großen Sandstein auf, der zum Gedenken des tapferen Mannes von da an der „Prinzenstein" hieß.

Der Pastorenstein

*J*ohann Gottlieb Friedrich Michaelis hatte geschafft, was Wenigen vor ihm gelungen war: Er hatte die Gemeinde geeint! In Börnecke, damals etwa 540 Seelen groß, gab es vor ihm drei Parteien: Die Gottgläubigen, die Gutgläubigen und die Heiden, die an gar nichts glauben. Wobei das so nicht ganz richtig ist, gab es doch unter den Heiden immer auch Jene, die sich verstohlen umsahen, wenn sie zur Schwefelquelle am Nordhang des Seeberges gingen, jenem Ort, dem schon die Altvorderen seit vielen tausend Jahren Opfer darbrachten. Es wäre ein Pfuhl der Frau Holle, flüsterten die Alten, welche die Badenden gesund macht oder in Frieden zu sich holt. Ein Einsiedler soll einst an dieser Stelle mit Hilfe welchen Gottes auch immer, Wunderkuren bewirkt haben. Deshalb ließen sich am Heiligen Brunnen die ersten Menschen nieder, rodeten den Wald rodeten und bestellten Äcker. Daher der Name Brunnenacker: „Börnecke".

Pastor Michaelis war beim Volke überaus beliebt, denn Jedem stand er mit Rat und Tat zur Seite, sorgte sich von Herzen um die Seelen seiner Herde, wirkte aber in den letzten Wochen immer bedrückter. Darauf angesprochen, flüsterte der Pastor, er hätte bei seinen Flurumgängen bei einem der Hügelgräber zwischen Börnecke und Westerhausen eine seltsame Entdeckung gemacht: „Wie ich das erste Mal auf den Hügel trat, spürte ich ein Rumoren unter meinen Füßen, plötzlich brach alles ein, ich rutschte in eine alte Senke, ein altes Grab ganz aus Steinen gehauen. Darin lag neben dem Skelett und einigen Grabbeigaben ein uraltes Buch mit seltsamen Verzierungen darauf. Sie ängstigten mich zu Tode, worauf ich es nicht wagte, das Buch zu berühren. Gleichzeitig fühlte ich mich doch magisch von ihm angezogen. Danach erinnere ich mich nur daran, dass ich in meiner Kirche kniete und Gott um Vergebung bat. Wie ich zurück nach Börnecke kam, weiß nur Gott.", der Pastor schluckte während er das sagte. Seine Hände zitterten, sein Gesicht wirkte grau und eingefallen als er weitersprach:

„Ich bin sofort wieder hin. Das Grab war noch offen, eine der sicher tausend Pfund schweren, steinernen Platten, die vorher das Grab bedeckten, lag zertrümmert am Boden ... doch das Buch ..., es war fort. Wieder ein Gedankenabriss ... wieder kniend in der Kirche. Wie ich an diesem Tage zum dritten Mal zum Grabhügel wankte, blieb ich erstaunt davor stehen: Alles war wie anfangs: Unberührt und fest verschlossen lag es vor mir ..., der Himmel aber hatte sich verfinstert. Er war viel grauer als sonst. Ein Tag, fast so düster, wie die Nacht! Ganz so, als hätte irgendetwas die Sonne verschluckt!"

Dann weiß man nur noch, dass Michaelis am 30.10. des Jahres 1821 nach Benzingerode ging, um sich mit seinem Freund, dem Pastor Schmidt zu beraten. Am Folgetag kehrte er auf dem Heimweg auch bei Pastor Ziegeler in Heimburg ein, bei dem er freundlich vorspach und gegen drei Uhr des Nachmittags völlig gesund und (wie es schien) sichtlich erleichtert das Haus verließ. In Börnecke aber kam er niemals an! Passanten haben ihn am anderen Tage in der Nähe des Gasthauses Pfeiffenkrug tot aufgefunden. Sein Leichnam war vollkommen unversehrt und unberaubt. Wahrscheinlich wäre der Siebzigjährige, der schon länger unter asthmatischen Beschwerden litt, auf der kraftraubenden Wanderung an einem Lungenschlag gestorben, heißt es später bei Berger. Jener Prediger aus Blankenburg, verfasste einst den Nachruf für Pastor Michaelis:

„Johann, Gottlieb, Friedrich Michaelis, wohlverdienter Pastor und Seelsorger der Gemeinde Börnecke, innig bedauert von seiner Gemeinde, betrauert von seinen Freunden. Friede sei mit seiner Asche.
Gest. am 31.Oktober in einer ungewissen Stunde."

Nur ein alter Heide aus Börnecke wusste es besser. Er war am besagten Tage ebenfalls in der Gegend unterwegs gewesen, hatte den dunklen Himmel und die aufsteigenden Winde wahrgenommen und beschlossen, lieber nicht weiter zu pilgern, sondern im Pfeiffenkrug einzukehren:

„Oh, ich weiß, dass mich alle einen Narren schimpfen, doch selber sind sie Einfaltspinsel! Diesen geisterhaften Tag werde ich sicher nie vergessen: Draußen pfiffen zur Mittagsstunde keine normalen Winde. Mir war, als ob eiskalte, dürstende Stimmen in fremden Zungen riefen, worauf ich gleich drei Kreuze ans Tor zeichnete. Am Tage der Toten sollte die Wilde Jagd sicher nicht durchs Gasthaus toben, in dem ich friedvoll mein Bier schlürfe! Das es unseren armen Herrn Pastor erwischte, hörte ich erst Tage später. Ich besah mir die Todesstelle genauer, fand die Baumstämme drumherum, wie mit eisernen Klauen zerfetzt! – Nein, das war kein gewöhnlicher Wind, doch wer glaubt schon einem Heiden?" *(nach Dr. Einhard Hansen)*

Mittelpunktstein

Eine der größten vorchristlichen Kultstätten Europas, liegt im kleinen, verschlafenen Blankenburg am Harz, meinen Kultplatzforscher, wie Hermerding & Diesing. Darin sind den Sternbildern zwölf heilige Plätze um unser Städtchen nachempfunden worden, darunter der Regenstein, Großvaterfelsen, die Blanken- & die Heimburg, der Bielstein, Tyrstein u.a., welche personifizierte Göttersitze wären. An jedem einzelnen Ort der Gesamtkultstätte, könne ein achtsamer Mensch, die Elementarkräfte in sich erspüren & die symbolisch dargestellten, kosmischen Regeln erfahren. Am Mittelpunktstein am Weinberg, genannt das „Blankenburger Gericht", laufen alle Schnittpunkte der Kraftorte zusammen. Wer auf dem heiligen Stein an einem heiligen Tage verweilt, erfährt das göttliche Gericht, wird gesegnet und gen Himmel gehoben ... oder eben nicht!

Aber das alles ist für einen wahren Blankenburger doch nichts Neues, oder? Wer als Kind hier aufgewachsen ist, durch die Wälder & Flure streifte, die Felsen & Burgen kletternd eroberte, der fühlte sich den Göttern doch schon immer näher! Halberstadt? Das Tor zum Harz! Blankenburg? Das Tor zum Himmel! 😊 (aufgeschrieben von Carsten Kiehne nach Diesing, Schmidt & Körner)

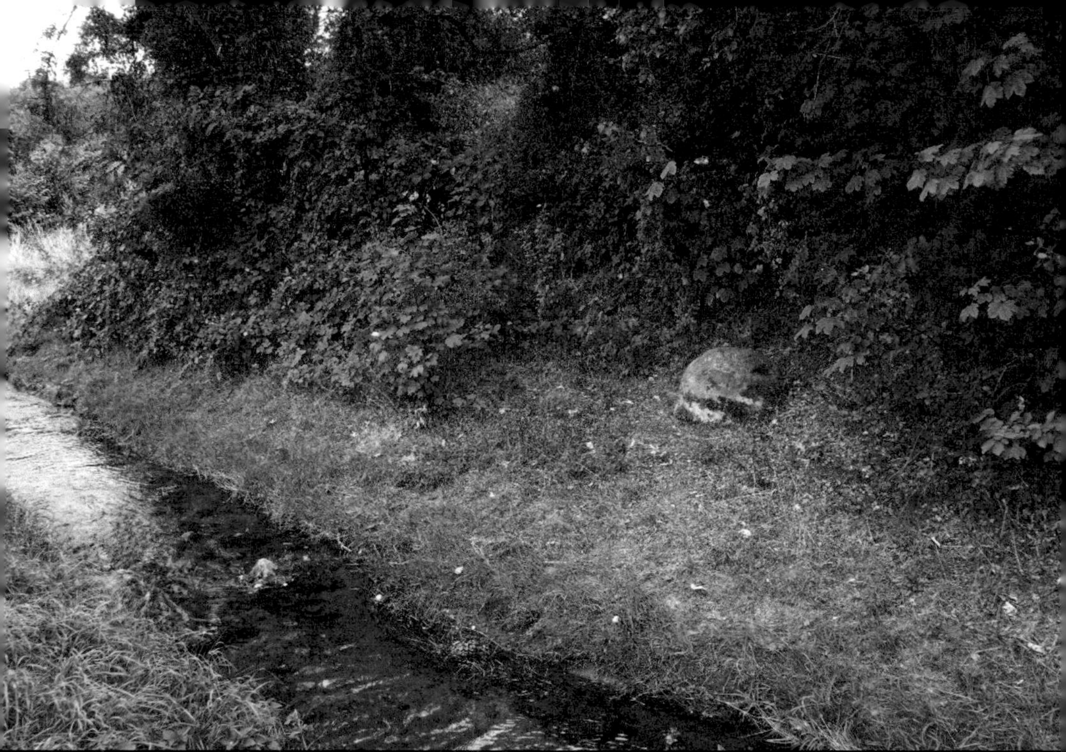

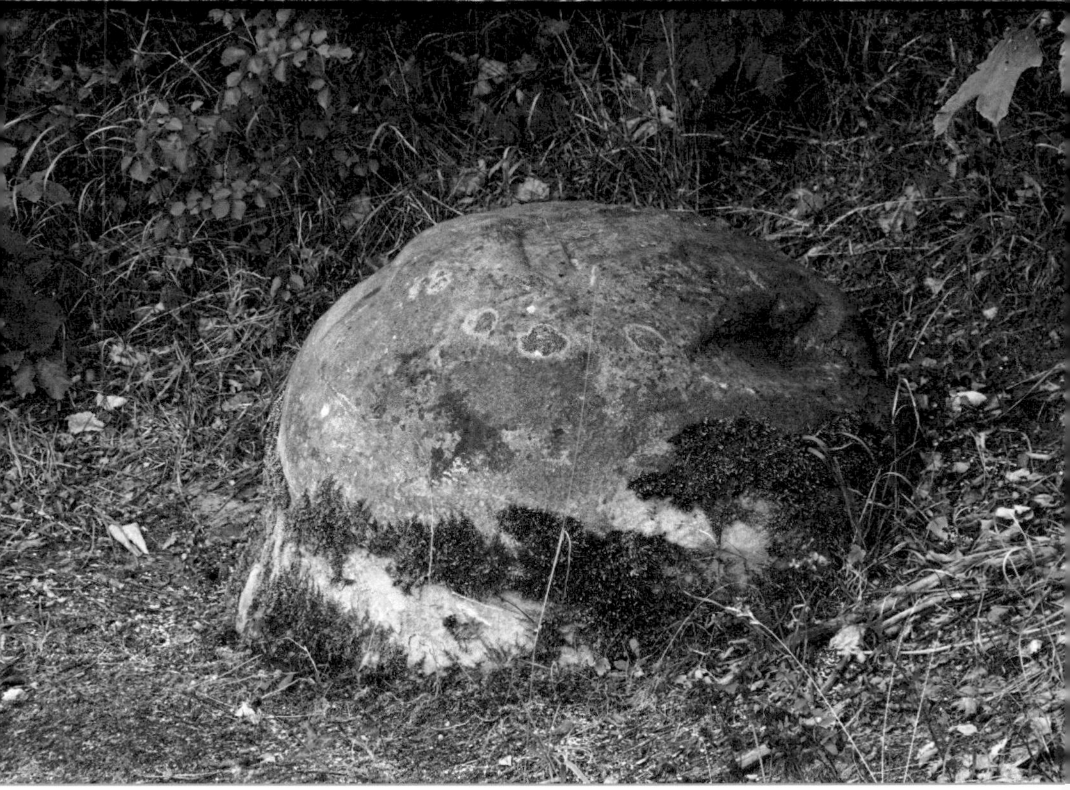

Literaturverzeichnis

Baczko, Ludwig:	Volkssagen, Gespenster- & Zaubergeschichten, 1815
Bartens, Werner:	Die Schwarzen Führer. Harz, 1997
Bauerfeind, Hans:	Sagen um den Regenstein. Museum Blank., 1981
Bechstein, Ludwig:	Der Harz in seinen Merkwürdigkeiten, Volkssagen ..., 1841
Blankenstein, von:	Sagen und Märchen des Harzgebirges, 1896
Diesing, Walter:	Der Himmel auf Erden, 2005
Förstner, Clara:	Aus der Sagen- & Märchenwelt des Harzes, 1888
Grässe, J.G.T.:	Sagenbuch des Preußischen Staats, 1868
Günther, H.:	Aus dem Sagenschatz der Harzlande, 1893
Hoffmann, Hans:	Der Harz, 1899
Kahlo Gerhard:	Sagen des Harzes,1923
Kiehne, Carsten:	Die bekanntesten Sagen aus dem Ostharz, 2017
Kiehne, Carsten:	Kräutersagen aus dem Harz, 2018
Kiehne, Carsten:	Sagenhafter Nordharz. (Goslar – Wernigerode), 2014
Kiehne, Carsten:	Sagenhaftes Halberstadt. Heimatkunde – Band 6, 2017
Körner, Werner:	Sonnenberge/Bielsteine, 2016
Körner, Werner:	Sagen aus Westerhausen & Umgebung, 2002
Leibrock, G. A.:	Die Sagen des Harzes – Unterharz, 1842
Oelsner, Manfred:	Der silberne Mann. 100 Sagen aus dem Ostharz,1992
Pröhle, Heinrich:	Sagen des Unter-Harzes,1859
Reimann, Jörg:	Burg & Festung Regenstein. ... & Geschichten, 2015
Sander, G.:	Beiträge zur Blankenburger Heimatkunde. Nr. 41-50, 1933
Schmidt, Holger:	Frau Holle, die Herrin der Disen & ihre spirituelle ..., 2017
Schrader, Wilhelm:	Harz-Sagen. Blankenburg, Rübeland - Elbingerode, 1941
Sternal, Bernd u.a.:	Sagen, Mythen & Legenden aus dem Harz, 2011
Wille, Dr. Louis:	Sitte und Brauch im Jahreslauf, 1937

Bildverzeichnis

Cover Rückseite: Burgenrekonstruktion von Werner Braun mit freundl. Genehmigung von Hartmut Braun

Auswahl der Sagenbücher von

In der Reihe „**Harz – Beiträge zur Heimatkunde**"
bisher folgende Bände erschienen:

1. Der Schlüssel- & Klöppelkrieg (Behrens, 2012)

2. Sagen & Märchen um … Bad Suderode (Kiehne, 2013)

3. Sagen & Mythen um … Thale (Kiehne, 2014)

4. Die schönsten Sagen aus … Quedlinburg (Kiehne, 2015)

5. Alte & neue Anekdoten aus Bad Suderode (Kiehne, 2016)

6. Die schönsten Sagen aus … Halberstadt (Kiehne, 2017)

7. Sagen aus Gernrode (Kiehne, 2018)

8. Die schönsten Sagen aus Ballenstedt … (Kiehne, 2018)

9. Stecklenberger Sagen & Anekdoten (Baars, 2019)

10. Alte & neue Anekdoten aus Quedlinburg (Kiehne, 2019)

11. Die schönsten Sagen aus Blankenburg (Kiehne, 2020)

In Planung sind:

- Wernigeröder Sagen (Kiehne)
- Mundartliches aus Stecklenberg (Baars)
- Sagenhaftes Aschersleben (Kiehne)
- Lauenburg & Stecklenburg (Baars)

Kräutersagen aus dem Harz

Über 70 Kräutersagen, zusammengesammelt & neu aufgeschrieben aus über 100 alten Harzer Sagenbüchern; mit altüberlieferten Ideen zur Heilanwendung & Rezepten (19,99- €)

Die bekannteste Sagen aus dem Ostharz

Im Buch sind 30 Sagen aus dem Ostharz abgebildet, wobei in jedem Kapitel darauf eingegangen wird, weshalb die Altvordern jene Geschichten erzählten & überlieferten. Hierin geht es um die geheime Bedeutung/ den tieferen Sinn der Sagen (13,90-€)

Sagenhafter Nordharz

Eine einmalige Märchen- & Sagensammlung, mit über 100 Geschichten, die die mythen-reiche Region von Goslar bis Wernigerode behandelt (20,- €)

Sagenhafte Sagensammler

Diese Sagensammlung ist eine Homage der 30 bekanntesten Harzer Sagensammler aus 250 Jahren. Neben dem Portrait jedes Erzählers ist mindestens eine mundartliche Sage aus dem jeweiligen Jahrhundert angefügt. (13,90,- €)

Sagenhaftes Glück

Was wussten Großmutter & Großvater über das Glück zu erzählen? 30 Sagen, gute Gedanken & Achtsamkeitsübungen rund um das nach wie vor aktuelle Thema Glück (13,90-€)

Dankes- & Sponsorenliste

Tausend Dank an alle Unterstützer dieses Büchleins, an meinen Vater (den Lektoraten Michael Kiehne), meinem Freund & Fotografen Stefan Herfurth, meiner Freundin & Covergestalterin Jelka Lüdtke, meiner Muse Manuela Petri, sowie all den Menschen, die mir Geschichten zugetragen haben. Dank auch an allen Helfern, die nicht namentlich genannt werden wollen!

Ein großes Dankeschön für die Unterstützung an Chris Grobelny

an Iven-Thore Boas

an "Inga & Alexander Sima mit Anton & Willem"

an Erik Toben

an Patrick Ririch

an den SACKPFEIFER
Brian Haase – Dudelsackmusik/-lehrer
www.der-sackpfeifer.de

... an den Heimatverein Oesig e.V.
SIGRID STOCKMANN
„Für meinen unvergessenen Papa Fritz Stelzner!"

Roman Schmidt, Hettstedt

Roland Fruth

„Für meine geliebten Eltern. Zum 50. Geburtstag von Herzen alles Liebe, eure Liesa."